Christoph Braun

Einsatz und Möglichkeiten mobiler PC´s im KfZ-Handel

Bibliografische Information der Deutschen Nationalbibliothek:

Bibliografische Information der Deutschen Nationalbibliothek: Die Deutsche
Bibliothek verzeichnet diese Publikation in der Deutschen Nationalbibliografie;
detaillierte bibliografische Daten sind im Internet über http://dnb.d-nb.de/ abrufbar.

Copyright © 1998 Diplomica Verlag GmbH
Druck und Bindung: Books on Demand GmbH, Norderstedt Germany
ISBN: 9783838610856

http://www.diplom.de/e-book/216976/einsatz-und-moeglichkeiten-mobiler-pc-s-
im-kfz-handel

Christoph Braun

Einsatz und Möglichkeiten mobiler PC´s im KfZ-Handel

Diplom.de

Christoph Braun

Einsatz und Möglichkeiten mobiler PC's im KfZ-Handel

Diplomarbeit
an der Fachhochschule Landshut
April 1998 Abgabe

Diplomarbeiten Agentur
Dipl. Kfm. Dipl. Hdl. Björn Bedey
Dipl. Wi.-Ing. Martin Haschke
und Guido Meyer GbR

Hermannstal 119 k
22119 Hamburg

agentur@diplom.de
www.diplom.de

ID 1085
Braun, Christoph: Einsatz und Möglichkeiten mobiler PC's im KfZ-Handel /
Christoph Braun · Hamburg: Diplomarbeiten Agentur, 1998
Zugl.: Landshut, Fachhochschule, Diplom, 1998

Dipl. Kfm. Dipl. Hdl. Björn Bedey, Dipl. Wi.-Ing. Martin Haschke & Guido Meyer GbR
Diplomarbeiten Agentur, http://www.diplom.de, Hamburg
Printed in Germany

Diplomarbeiten Agentur

Wissensquellen gewinnbringend nutzen

Qualität, Praxisrelevanz und Aktualität zeichnen unsere Studien aus. Wir bieten Ihnen im Auftrag unserer Autorinnen und Autoren Wirtschaftsstudien und wissenschaftliche Abschlussarbeiten – Dissertationen, Diplomarbeiten, Magisterarbeiten, Staatsexamensarbeiten und Studienarbeiten zum Kauf. Sie wurden an deutschen Universitäten, Fachhochschulen, Akademien oder vergleichbaren Institutionen der Europäischen Union geschrieben. Der Notendurchschnitt liegt bei 1,5.

Wettbewerbsvorteile verschaffen – Vergleichen Sie den Preis unserer Studien mit den Honoraren externer Berater. Um dieses Wissen selbst zusammenzutragen, müssten Sie viel Zeit und Geld aufbringen.

http://www.diplom.de bietet Ihnen unser vollständiges Lieferprogramm mit mehreren tausend Studien im Internet. Neben dem Online-Katalog und der Online-Suchmaschine für Ihre Recherche steht Ihnen auch eine Online-Bestellfunktion zur Verfügung. Inhaltliche Zusammenfassungen und Inhaltsverzeichnisse zu jeder Studie sind im Internet einsehbar.

Individueller Service – Gerne senden wir Ihnen auch unseren Papierkatalog zu. Bitte fordern Sie Ihr individuelles Exemplar bei uns an. Für Fragen, Anregungen und individuelle Anfragen stehen wir Ihnen gerne zur Verfügung. Wir freuen uns auf eine gute Zusammenarbeit

Ihr Team der *Diplomarbeiten* Agentur

Dipl. Kfm. Dipl. Hdl. Björn Bedey –
Dipl. Wi.-Ing. Martin Haschke
und Guido Meyer GbR

Hermannstal 119 k
22119 Hamburg

Fon: 040 / 655 99 20
Fax: 040 / 655 99 222

agentur@diplom.de
www.diplom.de

Inhaltsverzeichnis

Abkürzungsverzeichnis.. 6

1 Einleitung.. 8

2 Der Kfz-Handel... 10

2.1 Die gesamtwirtschaftliche Bedeutung der Automobilwirtschaft............... 10

2.2 Der automobile Wertschöpfungsprozeß: 11
Die Zusammensetzung der Automobilwirtschaft

2.3 Definition Kfz-Handel... 12

2.4 Formen des Automobilvertriebs... 12

2.5 Der Automobilhandel im Strukturwandel... 13

2.6 Marketingstrategien.. 14

3 Computer Aided Selling (CAS)... 16

3.1 Definition... 17

3.2 Komponenten.. 17

3.3 Funktionen... 18

3.4 Vorteile von CAS-Systemen... 20

3.5 Wirtschaftlichkeit von CAS-Systemen.. 22

3.6 CAS im Kfz-Gewerbe... 23

3.6.1 CAS im Innendienst.. 23

3.6.2 CAS im Außendienst... 25

3.6.2.1 Die Bedeutung des Außendienstes.. 25

3.6.2.2 Besonderheiten bei Neuwagen, Gebrauchtwagen und................ 27
Nutzfahrzeugen

4 Der mobile PC.. 28

4.1 Entstehung und Besonderheiten des mobilen PC's............................. 28

4.2 Typen des mobilen PC's.. 29

4.3 Erklärung des Begriffs Notebook... 29

4.4 Grundlagen für das erfolgreiche Verkaufen mit dem mobilen PC........... 30

4.4.1 Akzeptanz des Notebookeinsatzes beim Beratungsgespräch................ 30

4.4.2 Empfehlungen für den erfolgreichen Einsatz beim Verkauf............................31

4.5 Mobile Computing..33

   4.5.1 Bestandteile des Mobile Computing...34

   4.5.2 Traditionelle Einsatzmöglichkeiten..35

   4.5.3 Vorteile des Mobile Computing...35

   4.5.4 Nachteile des Mobile Computing...38

   4.5.5 Marktentwicklung von Mobil-PC's...39

   4.5.6 Technologischer Ausblick..40

5 Einsatz und Möglichkeiten mobiler PC's im Kfz-Handel..........................42

5.1 Bestehende Einsatzbereiche mobiler PC's...43

   5.1.1 Der PC als mobiles Datenerfassungsgerät...43

   5.1.2 Database Marketing..44

   5.1.3 Produktselektion/-konfiguration..45

   5.1.4 Multimediale Produktpräsentation...46

   5.1.5 Angebotskalkulation...49

   5.1.6 Finanzierung...50

   5.1.7 Leasing...50

   5.1.8 Versicherung...50

   5.1.9 Kfz-Steuer..51

   5.1.10 Angebotserstellung und Ausdruck...52

   5.1.11 Gebrauchtwagenbewertung...53

   5.1.12 Wettbewerbsinformationen...53

   5.1.13 Kommunikationsmöglichkeiten..54

      5.1.13.1 Download von Programm-updates...54

      5.1.13.2 Finanzierungs- und Leasinganfragen..54

5.2 Zusätzliche Möglichkeiten mobiler PC's im Kfz-Handel...............................55

   5.2.1 Nutzung moderner Kommunikationswege..55

      5.2.1.1 Kommunikation mit dem Kunden..55

      5.2.1.2 Kommunikation mit dem Innendienst...56

      5.2.1.3 Kommunikation mit dem Hersteller...56

   5.2.2 Vertriebssteuerung..57

5.2.2.1 Verkaufs-Management-Programm.. 57

5.2.2.2 Portfolio-Analyse.. 59

5.2.2.3 Global Ordering/Online Ordering/Euro-Elan.................................... 59

6 Weitere Einsatzmöglichkeiten mobiler PC's im Kfz-Gewerbe.............. 61

6.1 Gesteigerte Attraktivität als Desktop-Substitution......................................61

6.2 Kfz-Diagnosesysteme.. 63

6.3 Mobile Kundenannahme.. 64

6.4 Computer-Based-Training (CBT).. 64

7 Alternativen bzw. Ergänzung zum mobilen PC.................................... 65

7.1 Subnotebook.. 65

7.2 Organizer mit integriertem Handy.. 66

8 Zusammenfassung und Ausblick..68

Abbildungsverzeichnis.. 69

Literaturverzeichnis..70

Anhang...76

Erklärung gem. § 31 Abs. 5 Rahmenprüfungsordnung

„Ich versichere, daß ich die Arbeit selbständig verfaßt, noch nicht anderweitig für Prüfungszwecke vorgelegt, keine anderen als die angegebenen Quellen oder Hilfsmittel benützt sowie wörtliche und sinngemäße Zitate als solche gekennzeichnet habe."

Christoph Braun

(Christoph Braun)

Freising, 07.04.1998

Danksagung

An dieser Stelle möchte ich mich bei all jenen bedanken, die mich bei meiner Diplomarbeit unterstützt haben.

Allen voran danke ich meinem Betreuer, Herrn Lambers, Account Manager BMW von der Siemens Nixdorf Informationssysteme AG, daß ich dieses aktuelle und interessante Thema bearbeiten durfte. In meiner fünfmonatigen Bearbeitungszeit konnte ich wertvolle Erfahrungen im Unternehmen sammeln.

Ebenfalls möchte ich mich bei Herrn Armin Truksa, Vertriebsleiter der CARDIS AG, bedanken.

Aus der automobilen Praxis danke ich Herrn Ralf Wacker, Vertriebskoordinator bei der Mercedes-Benz Lease Finanz (MBLF), der für mich nützliche Kontakte zu Kfz-Verkäufern herstellte.

Bei BMW danke ich Herrn Michael Handschuk für die eindrucksvolle Softwarepräsentation und die weiteren Hintergrundinformationen.

Stellvertretend für VW/AUDI danke ich Herrn Josef Holzer, Geschäftsleiter der MAHAG Starnberg, für hilfreiche Informationen zu meinem Thema.

Ich möchte aber auch all jenen meinen Dank zum Ausdruck bringen, die ich nicht einzeln aufzählen kann (Unternehmensberatungen, Professoren, Verlage, Autoren etc.). Allen gebührt mein Dank für das Gelingen dieser Arbeit.

Abkürzungsverzeichnis

Abb.	Abbildung
ABS	Anti-Blockier-System
ACPI	Advanced Configuration and Power Interface
ADAC	Allgemeiner Deutscher Automobilclub e. V.
AG	Aktiengesellschaft
Anm.	Anmerkung
Aufl.	Auflage
BMW	Bayerische Motorenwerke AG
CAD	Computer Aided Design
CARDIS	Car Dealer Information Systems AG
CAS	Computer Aided Selling
CBT	Computer Based Training
CD-ROM	Compact Disk - Read Only Memory
CIS	Customer Interaction Software
DAT	Deutsche Automobil Treuhand GmbH
DATEV	Datenverarbeitungsorganisation für die Angehörigen der steuerberatenden Berufe
DVD	Digital Versatile Disk
ebd.	ebenda
ect.	et cetera
EDV	Elektronische Datenverarbeitung
E-Mail	Electronic Mail
F & E	Fertigung und Entwicklung
GB	Gigabyte
ggf.	gegebenenfalls
GmbH	Gesellschaft mit beschränkter Haftung
GO	Global Ordering
GSM	Global System for Mobile Communication
GW	Gebrauchtwagen
Hervorh.	Hervorhebung
Hrsg.	Herausgeber
HR-TFT	High Reflective Thin Film Transistor
IAA	Internationale Automobil-Ausstellung
IRDA	Infrared Data Association
ISDN	Integrated Services Digital Network
IT	Informationstechnik
Kfz	Kraftfahrzeug
KG	Kommanditgesellschaft
LAN	Local Area Network
LCD	Liquid Crystal Display
LKW	Lastkraftwagen

MAHAG	Münchener Automobilhandel Haberl KG
MB	Megabyte
MBKS	Mercedes-Benz-Kundenberatungssystem
MBLF	Mercedes-Benz Lease Finanz
MBVD	Mercedes-Benz Vertriebsorganisation Deutschland
MDE	Mobiles Datenerfassungsgerät
MOVAP	Mobiler Verkäuferarbeitsplatz
MS	Microsoft
MWSt	Mehrwertsteuer
Nfz	Nutzfahrzeug
NW	Neuwagen
o. S.	ohne Seite
o. V.	ohne Verfasser
OBD	On Board Diagnose
PC	Personalcomputer
PCMCIA	Personal Computer Memory Card International Association; neue Bezeichung PC Card
PDA	Personal Digital Assistant
PKW	Personenkraftwagen
POS	Point of Sales
PPS	Produktionsplanungs- und Steuerungssystem
SFA	Sales Force Automation
SMS	Short Message Service
sog.	sogenannt
TCO	Total Cost of Ownership
TFT	Thin Film Transistor
TQM	Total Quality Management
u. a.	unter anderem
u. U.	unter Umständen
UMTS	Universal Mobile Telecommunications System
USB	Universal Bus
usw.	und so weiter
VAP	Verkäuferarbeitsplatz
VB	Verkaufsberater
VDE	Verband Deutscher Elektrotechniker
VDIS	VW AUDI Diskettensystem
Verf.	Verfasser
vgl.	vergleiche
VIP	Very Important Person
VIS	Vertriebsinformationssystem
Vlg	Verlag
VMP	Verkaufsmanagementprogramm
VW	Volkswagen AG
WAN	Wide Area Network
z. B.	zum Beispiel

1   Einleitung

Mobilität gilt als ein Grundbedürfnis des Menschen. Der Wunsch nach Ortsveränderung ist seit jeher im Menschen verwurzelt. Mit Beginn dieses Jahrhunderts schaffte das Automobil den Durchbruch für unabhängige und bezahlbare Individualmobilität und hat sich seitdem zu einem Massenverkehrsmittel entwickelt. Gleichzeitig haben sich die Märkte gesättigt und zu einem Käufermarkt gewandelt. Der Kauf eines Autos stellt für viele Menschen eine einschneidende finanzielle Belastung dar, die wohlüberlegt wird. Ferner hat sich das Käuferverhalten grundlegend verändert: Der Kunde ist aufgeklärter, kritischer, kostenbewußter und weniger marken- bzw. händlerloyal als früher. Neue Vertriebswege revolutionieren den Kfz-Handel und eröffnen zusätzliche Möglichkeiten für Hersteller, Handel und für Abnehmer.

Die Automobilhersteller und -zulieferer stellten Anfang der 90er Jahre mit Rationalisierungs- maßnahmen und Prozeßoptimierungen die Weichen für eine bessere Zukunft. Häufig benutzte Schlagworte waren und sind in diesem Zusammenhang: Lean Production, Simultaneous Engineering und Just-In-Time.

Es überrascht also nicht, wenn in der Automobilwirtschaft neue Produktivitätsfortschritte im Kfz-Handel gesucht werden. Vom Kfz-Verkäufer wird mehr als nur markenbezogenes Produktwissen verlangt. Im Verkaufsgespräch soll er neben technischem Know-how auch Zusatzqualifikationen, wie z. B. Versicherungs-, Finanzierungs-, Leasingkenntnisse einbringen können. Der Kfz-Verkäufer soll dem Kunden beratend und kompetent allzeit zur Seite stehen. Dies erfordert ein völlig neues Rollenverständnis: weg vom reinen Verkäufer - hin zum Kundenberater. Diese neue Kundenorientierung verlangt auch eine neue Form des Verkaufens: Kunden und Interessenten werden aktiv in den Verkaufsprozeß einbezogen.

In der vorliegenden Arbeit werden am Beispiel des Kfz-Handels Vorschläge erarbeitet, wie die neue Verkaufsform durch mobile PC's unterstützt werden kann. Untersucht wird, wie mobile PC's im Kfz-Handel bereits eingesetzt werden und welche zusätzlichen Möglichkeiten sie bieten.

Hierbei werden aktuelle und innovative Themen der Verkaufsunterstützung wie Computer Aided Selling (CAS), Mobile Computing und Lean Selling miteinbezogen. Im folgenden werden auch Teilgebiete und zusätzliche Perspektiven mobiler PC's angesprochen, die nicht nur auf den Kfz-Handel beschränkt sind, sondern sich auf das gesamte Kfz-Gewerbe erstrecken (vgl. Kapitel 6). In die Arbeit flossen nicht nur Ergebnisse bisheriger Untersuchungen und gemachter Erfahrungen ein, sondern auch Erkenntnisse aus Gesprächen mit EDV-Leitern und Kfz-Verkäufern aus der Praxis. Sie ist somit von besonderem Interesse für EDV-Verantwortliche und Automobilverkäufer in Kfz-Betrieben, Autohäusern und Niederlassungen, aber auch für Anbieter von CAS-Systemen und mobilen Computern.

2 Der Kfz-Handel

Bevor auf den Kfz-Handel im einzelnen eingegangen wird, soll die volkswirtschaftliche Eingliederung innerhalb der Automobilbranche und deren Bedeutung betrachtet werden. Es sollen dabei der Inhalt und die Abgrenzung der Begriffe Automobilwirtschaft, Automobilindustrie, Kfz-Gewerbe und Kfz-Handel verständlich gemacht werden.

2.1 Die gesamtwirtschaftliche Bedeutung der Automobilwirtschaft

Das Automobil ist ein sehr komplexes Produkt. Es besteht aus ca. 5000 - 6000 Einzelteilen, die aus unterschiedlichen Materialien und Technologien bestehen.[1] „Moderne Mikroelektronik wird Schritt für Schritt alle Komponenten der Fahrzeuge mit Intelligenz versehen, so daß sich immer mehr Systeme selbst überwachen und steuern können."[2] Die Produktion des Automobils über die einzelnen Wertschöpfungsstufen stellt sich zudem als sehr aufwendig heraus.[3]

Die gesamtwirtschaftliche Bedeutung der Automobilwirtschaft ergibt sich aus folgenden Gesichtspunkten:

- Ein Achtel (= 243 Mrd. DM) des gesamten industriellen Umsatzes von 1996 wurde durch die deutsche Automobilindustrie erwirtschaftet.[4]
- Die Automobilindustrie war die wichtigste Exportbranche für das Jahr 1996 mit 143 Mrd. DM.[5]
- Die Automobilwirtschaft ist nahezu für ein Fünftel des deutschen Sozialprodukts und für fast ein Viertel des gesamten Steueraufkommens verantwortlich.[6]
- Die Automobilindustrie erreichte 1996 13,3 Mrd. DM Aufwendungen für Forschung und Entwicklung; das entspricht mehr als einem Fünftel der gesamten F & E-Aufwendungen in der deutschen Wirtschaft.[7]

---

[1] Vgl. Diez, W., Brachat, H.; Meffert, H.: Grundlagen der Automobilwirtschaft, 1994, S. 19 ff.
[2] Miller, F.: Die Elektronik erobert das Auto, 50. Internationale Handwerksmesse (Beilage), in: Süddeutsche Zeitung 06.03.1998, S. H9.
[3] Vgl. Diez, W., Brachat, H.; Meffert, H.: Grundlagen der Automobilwirtschaft, 1994, S. 19 ff.
[4] Vgl. o. V.: Auto 1997, Jahresbericht des Verbandes der Automobilindustrie (VDA), S. 236.
[5] Vgl. ebd., S. 236.
[6] Vgl. ebd., S. 235.

- 5 Mio. Menschen verdanken ihren Arbeitsplatz dem Automobil, mit anderen Worten: jeder 7. Arbeitsplatz ist in Deutschland direkt oder indirekt vom Automobil abhängig.[8] Aufgrund dieser Zusammenhänge kann die Automobilwirtschaft als eine Schlüsselbranche für die gesamte Wirtschaft bezeichnet werden.[9]

2.2   Der automobile Wertschöpfungsprozeß: Die Zusammensetzung der Automobilbranche

Die brancheninterne Aufteilung kann in einer prozessualen Betrachtungsweise als Wertschöpfungskreislauf dargestellt werden, an dem Zulieferer, Automobilhersteller, das Kraftfahrzeuggewerbe (Kfz-Handel und -handwerk) und die Entsorger beteiligt sind:

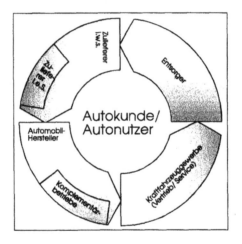

Abb. 1: Der automobile Wertschöpfungsprozeß, künftige Betrachtungsweise:
Wertschöpfungskreislauf
Quelle: Diez, W.; Brachat, H.; Meffert, H.: Grundlagen der Automobilwirtschaft, 1994, S. 14.

---

[7] Vgl. ebd., S. 240.
[8] Vgl. ebd., S. 235.
[9] Vgl. Diez, W.; Brachat, H.; Meffert, H.: Grundlagen der Automobilwirtschaft, 1994, S. 23.

Aus dem Kreislaufmodell ist ersichtlich, daß alle Komponenten wie ein Zahnrad ineinander-greifen müssen, um mit dem Produkt Automobil auf dem Markt bestehen zu können. Ein technisch gutes Produkt alleine reicht hierfür nicht mehr aus.

2.3 Definition Kfz-Handel

Aus dem Kreislaufmodell ist zu erkennen, daß der Kfz-Handel dem Kfz-Gewerbe zu zuordnen ist. Die Forschungsstelle Automobilwirtschaft in Bamberg definiert den Begriff Kfz-Handel folgendermaßen:

„Der Automobilhandel (...) umfaßt i.e.S. jene Wirtschaftssubjekte, die sich gewerblich mit dem **An- und Verkauf von Automobilen** befassen."[10] (Hervorh. d. Verf.) I.w.S. werden auch die unternehmenseigenen Absatzorgane (Niederlassungen) sowie Handelsvertreter zugerechnet.[11]

Dabei unterscheidet man in der Praxis zwischen dem Handel mit PKW's, Nutzfahrzeugen (LKW's), Bussen u. a. sowie zwischen Neu- und Gebrauchtwagenhandel.

2.4 Formen des Automobilvertriebs

Derzeit erfolgt die Distribution von Automobilen über zwei große Vertriebsschienen: den Vertrieb über Vertragspartner und den Direktvertrieb, wobei der Hersteller/Importeur die Quantität und Qualität des Händlernetzes selbst bestimmt (selektiver Vertrieb).[12]

---

[10] Meinig, W.: Grundbegriffe der Automobilwirtschaft, S. 57.
[11] Vgl. ebd., S. 57.
[12] Vgl. Diez, W.; Brachat, H.; Meffert, H.: Grundlagen der Automobilwirtschaft, 1994,
   S. 105 u. 113. Meinig, W.: Grundbegriffe der Automobilwirtschaft, S. 450.

Folgende Übersicht zeigt die Vertriebsstrukturen:

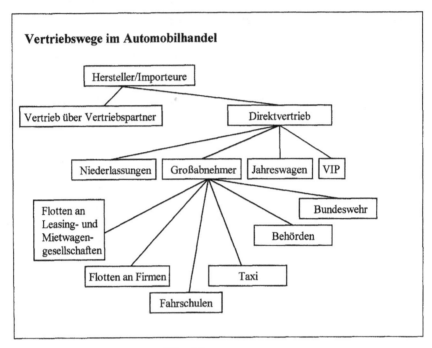

Abb. 2: Vertriebswege im Automobilhandel
Quelle: Diez, W.; Meffert, H.; Brachat, H.: Grundlagen der Automobilwirtschaft, 1994, S. 106.

Insgesamt waren 1997 ca. 538.000 Arbeitnehmer bei ca. 48.750 Kfz-Betrieben im Kfz-Gewerbe beschäftigt.[13] Man schätzt, daß ca. 28.000 Automobilverkäufer pro Jahr ca. 6 Mio Fahrzeuge, darunter 2,7 Mio. Neufahrzeuge, vermarkten.[14]

2.5 Der Automobilhandel im Strukturwandel

Der Automobilhandel kann auf eine fast 90jährige erfolgreiche Geschichte zurückblicken. Die Jahre bis zur Jahrtausendwende werden von der Vertriebsumstrukturierung und Händler-

---

[13] Vgl. o. V.: Lieferzeiten bremsen das Kfz-Gewerbe, in: Süddeutsche Zeitung vom 06.03.1998, S. 30.
[14] Vgl. o. V.: Unter Dach und Fach. Neuer Ausbildungsberuf „Automobilkaufmann/-kauffrau, in:

netzqualifizierung geprägt sein.[15] Diese Formulierung bezieht sich auf den erkennbaren Trend, daß sich die Zahl der Autohändler verringert und der Konzentrationsprozeß stärker wird.[16] Burkhard Weller, Vorsitzender des Verbandes der Toyota-Händler Deutschland e. V. wünscht sich sogar „(...) eine noch schnellere Ausdünnung der Händlernetze **aller Fabrikate** zum Wohl der verbleibenden Händler und Hersteller."[17] (Hervorh. d. Verf.)

2.6 Marketingstrategien

Die Vertriebsnetzoptimierung erfordert, daß Händler ihren Betrieb strikt an den Belangen des Kunden ausrichten. Clienting und Customerising bzw. Customizing sind die Schlagworte und Empfehlungen für den Automobilhandel. Gestiegene Kundenerwartungen verlangen verstärkte Anstrengungen in den Bereichen **Kundenbindungsmanagement**,[18] welches auch TQM-Gedanken[19] beinhaltet, und **Händlerprofilierungsstrategien**. Die eigenständige Händlerprofilierung ermöglicht eine Differenzierung von gleichfabrikatlichen Wettbewerbern und den Entzug des preisaggressiven Intra-Brand-Wettbewerbes.[20] Die individuelle Händlerprofilierung kann sich auf sämtliche traditionelle Geschäftsbereiche (Verkauf, Service, Teile und Zubehör) eines Autohauses erstrecken. Die drei großen Marketingfelder für die Zukunft heißen: Sicherheit - Erlebnis - Mobilität.[21] Als mögliches Profilierungsfeld mit weiteren Geschäftsbereichen eignet sich das Fachmarktkonzept für Mobilität:

---

autokaufmann, 1. Ausbildungsjahr, Heft 6 Januar/1998, S. 10.

[15] Vgl. Brachat, H.: Autohausmanagement 2000: Strategien für erfolgreiche Automobilbetriebe, S. 11.

[16] Vgl. o. V.: Lieferzeiten bremsen das Kfz-Gewerbe, in: Süddeutsche Zeitung vom 06.03.1998, S. 30.

    o. V.: Automobilhandel vor Konzentrationswelle, in: Handelsblatt 30.05.1997, S. 16.

    o. V.: Vertriebs- und Servicestruktur 1998, Autohaus-Umfrage, in: AUTOHAUS, 1/2 1998, S. 42 ff.

[17] Ebd., S. 47.

[18] Vgl. Berg, H..: Perspektiven '97: Was der Markt erfordert! in: kfz-betrieb, 1/1997, S. 8 ff.

[19] TQM = Total Quality Management: Fokussierung aller Unternehmensbereiche auf bestmögliche Qualität.

[20] Intra-Brand-Wettbewerb: Wettbewerb unter gleichfabrikatlichen Händlern. Vgl. Diez, W.: Das Handbuch für das Automobilmarketing, 1997, S. 324.

[21] Vgl. Brachat, H.: Handel - Krücke zwischen Produktion und Kunde? in: Automobil-Produktion Jubiläum, 1996, S. 86 f.

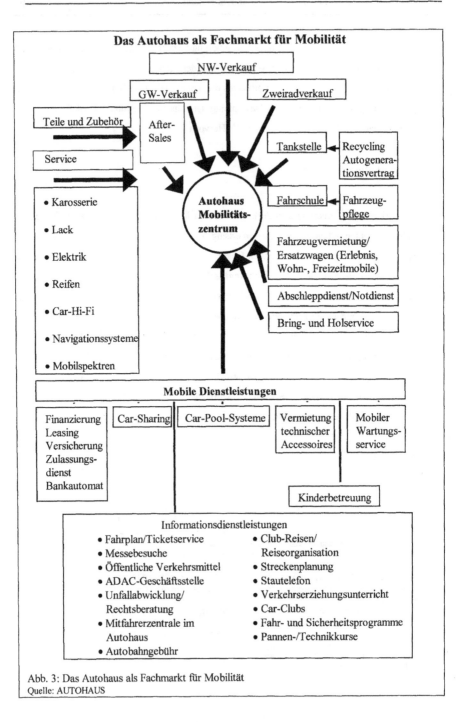

Abb. 3: Das Autohaus als Fachmarkt für Mobilität
Quelle: AUTOHAUS

Mobilitäts- und Finanzdienstleistungen sind hervorragend geeignete Bereiche, in denen sich Autohäuser beim Autoverkauf erfolgreich profilieren können. Durch zusätzliche Dienstleistungen in der Verkaufs- und After-sales-Phase kann die Kundenbindung erhöht werden.[22]

3   Computer Aided Selling (CAS)

Das Interesse an Computer-Aided-Selling-Systemen auf dem deutschen Markt ist weiterhin steigend. Dies läßt sich daran erkennen, daß die Zahl der Softwareanbieter von 1995 bis 1997 auf 120 Anbieter und damit um 20 % angestiegen ist.[23] Gründe für die zunehmende Attraktivität sind die fallenden Hardwarepreise bei gleichzeitig revolutionärer PC-Technologie (v. a. im Mobile Computing) und Kommunikationstechnologie (ISDN, Mobilfunk, Internet), die anspruchsvolle Multimedia-Anwendungen und audiovisuelle Präsentationen erlauben.[24] Nach Thomas Siebel, Chef des Softwarehauses Siebel Systems, und dem US-Journalisten Michael Malone ist der Boom bei CAS-Systemen u. a. dadurch zu erklären, daß „(...) die Anforderungen der Kunden und deren Know-how erheblich zugenommen" haben und „(...) die Komplexität von Produkten, Modellen und Varianten stark gestiegen" ist.[25] Nach Prof. Dr. Jörg Becker vom Institut für Wirtschaftsinformatik der Westfälischen Wilhelms-Universität Münster liegt der Grund darin, daß der Vertrieb bislang nicht automatisiert ist. Die internen Differenzierungs- und Profilierungspotentiale für Unternehmen seien weitgehend ausgeschöpft, und in den Bereichen Produktionsplanung und Steuerung (PPS), Konstruktion (CAD), Finanzbuchhaltung, Kostenrechnung etc. sei ein IT-Stand erreicht, der keine großen Effizienzschübe mehr bringen könne. Diese erhoffe man sich nun von externen Systemen, also im Vertrieb.[26] Eine wissenschaftliche Studie der Hochschule für Unternehmensführung in Vallendar kam zu dem gleichen Schluß, nämlich daß Führungskräfte die größten Potentiale für

---

[22] Vgl. o. V.: Auto 1997, Jahresbericht des Verbandes der Automobilindustrie (VDA), S. 52.
[23] Vgl. Schwetz, W.: Computer Aided Selling (CAS): Wachsendes Interesse an Software; zur Vertriebsunterstützung, in: PC MOBIL. Das Magazin für Toshiba Computer, 9-10/1997, S. 28-30.
[24] Vgl. ebd., S. 28-30.
[25] Hermann, W.: Der virtuelle Vertrieb bleibt vorerst ein Wunschtraum, in: Computerwoche, 27/1997, S. 9.
[26] Vgl. ebd., S. 9. Hallensleben, J.: Briefing für kundenorientierte IT-Services, in: absatzwirtschaft, 3/1998, S. 109.

Produktivitätssteigerungen in den Funktionsbereichen Marketing und Vertrieb vermuten - und zwar mit großem Abstand vor Produktion, Logistik und allgemeiner Verwaltung.[27]

3.1 Definition

In der Literatur findet man ähnliche Begriffsbildungen, die oft gleichwertig nebeneinander verwendet werden, wie z. B. Vertriebsinformationssystem (VIS), Vertriebssteuerungssystem, Sales Force Automation (SFA), Customer Interaction Software (CIS), Außendienst-Informationssystem etc.[28] Nach den CAS-Experten Link und Hildebrand soll Computer Aided Selling „(...) als **informationstechnologische Unterstützung von Planungs- und Abwicklungsaufgaben im Rahmen von Verkaufsprozessen** - *von der pre sales-Phase über die sales-Phase bis zur after sales-Phase* - verstanden werden."[29]

„Die Leistungen von CAS-Systemen dienen sowohl dem Verkaufsinnendienst als auch -außendienst. CAS beinhaltet die Lösung von Hardware- und Softwarefragen als auch die Fragen der Datenkommunikation."[30]

3.2 Komponenten

Zusammenfassend sind in einem CAS-System folgende Bausteine bzw. Komponenten integriert:
- datenbankgestützte Verfahren zur Verwaltung und Selektion großer Mengen von Vertriebsdaten in den Innen- und Außendienststellen,
- Computerunterstützung des Vertriebsmanagements, Verkaufsinnendienstes und -außendienstes in der Akquisitionsphase des Verkaufsprozesses, ggf. auch des Kundendienstes,
- Steuerung und Verwaltung der verschiedenen Verkaufsaktivitäten,

---

[27] Vgl. Marzian, S.: Wege zu mehr Vertriebseffizienz, in: acquisa, 7/1997, S. 52.
[28] Für genaue Bedeutungsschwerpunkte in der CAS-Definition hilft das Werk von Katja Kieliszek: Computer Aided Selling - Unternehmenstypologische Marktanalyse, 1994, S. 7 ff., weiter. SFA und CIS werden erwähnt: Hassmann, V.: Raus aus dem CAS-Dschungel, in: sales profi, 3/1998, S. 8 f.
[29] Link, J.; Hildebrand V.: Verbreitung und Einsatz des Database Marketing und CAS, 1994, S. 11.
[30] Mülder, W.; Weis, H. C.: Computerintegriertes Marketing, 1996, S. 391.

- Hard- und Software für die elektronische Kommunikation (Telefon (Festnetz und Mobilfunk), Telefax, E-Mail) zwischen Zentrale und Außenstellen zum Nachrichten- und Datenaustausch,

- mobile und stationäre PC's.[31]

3.3 Funktionen

CAS-Systeme sind durch folgende Funktionen und Aufgabenfelder charakterisiert:

---

[31] Vgl. Schwetz, W.: Tägliche Betriebspraxis, Computer Aided Selling - systematisch Marktanteile gewinnen durch mobilen PC-Einsatz im Vertrieb, 1993, S. 170. Schwetz, W.: Die Qual der Wahl, in: absatzwirtschaft, 11/1992, S. 91.

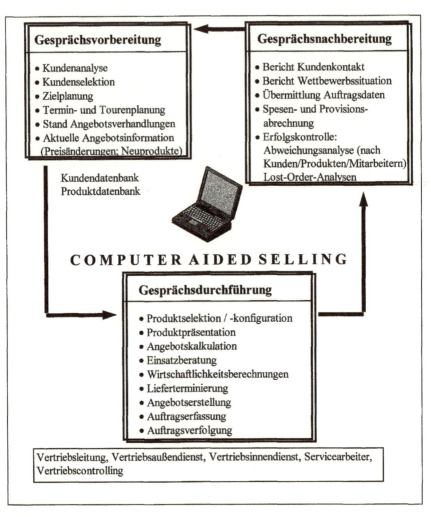

Abb. 4: Aufgabeninhalte und Funktionselemente des Computer Aided Selling
Quelle: Link, J.; Hildebrand, V.: Datebase-Marketing und Computer Aided Selling, 1993, S. 108

Aus der Grafik ist ersichtlich, daß CAS auf alle Phasen des Verkaufsprozesses Einfluß nimmt. Deswegen beinhaltet eine Einführung von CAS-Systemen meistens auch ein Business-Reengineering-Projekt, um die Verkaufsprozesse weiter zu optimieren.[32]

3.4 Vorteile von CAS-Systemen

Da die Investitionen in CAS-Systeme nicht unerheblich sind, ist die Frage nach deren Nutzen und Vorteilen von besonderer Wichtigkeit.[33] Den „best case" beschreiben Siebel und Malone prägnant:

„Wenn im Vertrieb Produktivitätssteigerungen erzielt werden, wirken sie sich doppelt aus. Im Idealfall sinken Kosten bei steigenden Umsätzen."[34]

---

sinkende Kosten ⇐ Effizienzsteigerung im Vertrieb ⇒ steigende Umsätze

---

Abb. 5: Auswirkungen von Produktivitätssteigerungen im Vertrieb

Eigene Darstellung

Egon Schmitz-Hübsch unterstützt diese Auffassung: „Computer Aided Selling ist damit unter Kosten-/Nutzengesichtspunkten zum einen nach wie vor ein Instrument zum 'Geld sparen', aber zunehmend auch zum 'Geld machen', und zwar vor dem Hintergrund der hiermit erzielbaren Chancen zur Verbesserung von Marktpositionen."[35]

Die Vorteile dieser dualen Wirkung von CAS-Systemen lassen sich zusammenfassend wie folgt beschreiben:[36]

---

[32] Vgl. Zdral, W.: Lean Selling - Fit durch schlanken Vertrieb, in: Top-Business, 6/1994, S. 25. Link, J.; Hildebrand V. G.: Mit IT näher zum Kunden, in: HARVARD BUSINESS manager, 3/1995, S. 33.

[33] Vgl. Schimmel-Schloo, M.: Computerunterstützung und neue Techniken für den organisierten Umsatzerfolg, 1994, S. 13.

[34] Siebel, T.; Malone, M. zitiert nach: Hermann, W.: Der virtuelle Vertrieb bleibt vorerst ein Wunschtraum, in: Computerwoche, 27/1997, S. 9.

[35] Schmitz-Hübsch, E.: Computer Aided Selling. Vernetzte Informationssysteme im Innen- und Außendienst, 1992, S. 191.

[36] Vgl, Link, J.; Hildebrand V. G.: Mit IT näher zum Kunden, in: HARVARD BUSINESS manager, 3/1995, S. 36. Link, J.; Hildebrand V. G.: EDV in Marketing und Vertrieb strategisch nutzen, in: io Management

Quantifizierbare Vorteile

a) Schnelligkeitsvorteile

- Entlastung des Außendienstmitarbeiters von zeitintensiven Routinearbeiten
- frühes Erkennen von Markttrends und schnelles Reagieren aufgrund aktueller Kunden- und Konkurrenzinformationen
- schnellere Angebotserstellung, Angebotskalkulation, Auftragserfassung und -bearbeitung
- Optimierung der Termin- und Tourenplanung
- kürzere Lieferzeiten
- erhöhte interne Kommunikationsgeschwindigkeit

b) Rationalisierungsvorteile

- höhere Zahl der Kundenbesuche mit gleichzeitig höherer Datenqualität und höheren Erfolgsaussichten
- Rationalisierung im Innendienst
- Senkung der Marketingkosten

Nicht quantifizierbare Vorteile

- ständige Verfügbarkeit von aktuellen und relevanten Informationen
- besseres Eingehen auf individuelle Kundenbedürfnisse durch:
  individuelle Kundenansprache und -beratung sowie individuelle Angebotserstellung und -kalkulation
- größere Kompetenz des Außendienstmitarbeiters
- größere Mitarbeitermotivation und Identifikation
- besseres Firmenimage

Zeitschrift, 64 (1995), S. 85 f. Wilmes, J., Hohberger, P.: CAS-Systeme im Anwendertest, in: OFFICE MANAGEMENT, 11/1994, S. 56 f. Breidenbach, T.: Agenturen: Database Marketing und Computer Aided Selling zur Erringung strategischer Wettbewerbsvorteile, in: pr magazin, 8/1996, S. 46. Berndt, O.; Jörgensen, I.: Optimal im Zusammenspiel, Produktivitätssteigerung durch Laptops, in: Personal Computer, 4/1992, S. 134. Schwetz, W.: Der Gläserne Kunde - Computer Aided Selling erfolgreich einsetzen, in: Motivation, 4/1995, S. 25 f.

Am weitesten verbreitet ist der Einsatz von CAS-Systemen mit rund 90 % bei Versicherungs-unternehmen.[37] Hier konnten in zahlreichen Fällen die gleichen Vorteilsmerkmale festgestellt werden.[38]

3.5 Wirtschaftlichkeit von CAS-Systemen

Der führende Unternehmensberater für CAS-Systeme, Wolfgang Schwetz, hat folgende quantitativen Verbesserungen anhand von Anwenderbefragungen festgestellt:[39]

Effizienzsteigerung bei:	Effizienzsteigerung (%)
• Erhöhte Anzahl der Kundenbesuche, Angebote	bis zu 25
• Erhöhung der Auftragsabschlüsse	bis zu 20
• Fehlerfreie Auftrags-erfassung und Umsatz-steigerung	bis zu 25

Abb. 6: Quantitative Verbesserungen durch eingesetzte CAS-Systeme (Anwenderbefragung)
Quelle: Schwetz, W.: Tägliche Betriebspraxis, Computer Aided Selling - systematisch Marktanteile gewinnen durch mobilen PC-Einsatz im Vertrieb, 1993, S. 190.

Als qualitative Verbesserungen nannten die befragten Unternehmen:

- bessere Informationen zur Besuchsvorbereitung des Außendienstes
- höhere Auskunftsfähigkeit gegenüber Kunden
- Reduzierung der Durchlaufzeiten.[40]

---

[37] Vgl. Link, J.; Hildebrand V. G.: Mit IT näher zum Kunden, in: HARVARD BUSINESS manager, 3/1995, S. 36. Link, J.; Hildebrand V. G.: Verbreitung und Einsatz des Database Marketing und CAS, 1994, S. 120.
[38] Vgl. Kasten, H.-H.: Service- und Effizienzsteigerung durch Einsatz moderner Technik im Versicherungsaußendienst, in: Versicherungswirtschaft, 15/1997, S. 1092 ff. Bergdolt G.: Elektronische Hilfe, die nicht abschreckt, in: versicherungsbetriebe, 2/1996, S. 46 f. Grundhöfer, H.; Sackenheim E.: Gemischte Gefühle - Ergebnisse einer Diplomarbeit: Der Außendienstmitarbeiter und sein mobiler PC, in: versicherungsbetriebe, 3/1996, S. 10 ff.
[39] Vgl. Schwetz, W.: Tägliche Betriebspraxis, Computer Aided Selling - systematisch Marktanteile gewinnen durch mobilen PC-Einsatz im Vertrieb, 1993, S. 190.
[40] Vgl. ebd., S. 190.

Eine Studie der Fachzeitschrift acquisa aus dem Jahr 1993 ergab sogar noch bessere Anwenderwerte zum Thema: „ Erfahrungen mit CAS" als oben angeführte.[41]

3.6 CAS im Kfz-Gewerbe

Noch vor gut 10 Jahren verfügte nur ein Viertel aller Kfz-Händler über EDV-Programme, die es ermöglichen, die betrieblichen Prozesse zu gestalten. Seitdem ist die EDV-Durchdringung in der Kfz-Branche so weit fortgeschritten, daß kein Betrieb auf den Einsatz moderner EDV verzichten kann.[42]

Softwareunterstützung gibt es für alle traditionellen Geschäftsbereiche eines Autohändlers: Teile und Zubehör, Service und Verkauf. Ferner werden Programme zur Bewältigung der administrativen Tätigkeiten angeboten.

3.6.1 CAS im Innendienst

Für folgende Geschäftsbereiche innerhalb des Autohauses ist Software verfügbar:[43]

---

[41] Vgl. Schimmel-Schloo, M.: Computerunterstützung und neue Techniken für den organisierten Umsatzerfolg, 1994, S. 19 ff.
[42] Vgl. Externbrink, H.: Die richtige Software, in: kfz-betrieb, 12/1997, S. 28.
[43] Vgl. ebd., S. 32-54. Reindl, A. M.: EDV-Management für freie Werkstätten, in: kfz-betrieb, 9/1997, S. 102 ff.

Verkauf	Lager	Kundendienst	Verwaltung	Sonstiges
Neuwagen	Ersatzteil-	Erstellung von	Personal	Stammdaten-
Gebrauchtwagen	disposition	Kostenvor-	Finanzbuchhaltung	verwaltung
Kundenmailing	Ersatzteilverkauf	anschlägen	Anlagenbuch-	Kasse & EC-cash
Finanzierung/	Lagerinventur	Reparatur-	haltung	Kreditkartenleser
Leasing	Teile-Bestellwesen	abwicklung	Lohn/Gehalt	Online Kommu-
Versicherung		Garantie	Kostenrechnung	nikation
		Erfassung der		Analyse/Statistik
		Werkstattzeiten		Berichtswesen
		Terminplanung		Mahnwesen
		Kundenmailing		Tankstellen-
				anbindung
				Leihwagen-
				organisation
				Archivierung
				Werkzeug-
				verwaltung
				Schadens-
				kalkulation

Abb.7: Softwareanwendungen im Kfz-Gewerbe

Quelle: Eigene Darstellung, in Anlehnung an: Externbrink, H.: Die richtige Software, in: kfz-betrieb, 12/1997, S. 32-54 sowie Reindl, A. M.: DV-Management für freie Werkstätten, in: kfz-betrieb, 9/1997, S. 102 ff.

Bei der Auswahl ist zu beachten, daß die Software euro- und jahrtausendfähig ist. Viele Programme erlauben Schnittstellen zu verbreiteten externen Modulen, wie z. B. Audatex (Fahrzeugbewertung und Instandsetzungskostenermittlung), DAT (Fahrzeugbewertung und Schadenkalkulation), Eurotax Schwacke Arbeitswerte-Daten sowie zu DATEV. Für den Kauf sind neben den vielfältigen Funktionslösungen aber auch die Integrationsmöglichkeit in bestehende Software, das Schulungsangebot, die Dokumentation, Preis und Sicherheit sowie der Hersteller-Support von Bedeutung.[44]

---

[44] Vgl. Externbrink, H.: Die richtige Software, in: kfz-betrieb, 12/1997, S. 28 ff.

3.6.2 CAS im Außendienst

„Kennzeichnend für den 'Außendienst' beziehungsweise den 'persönlichen Verkauf' ist der unmittelbare Kontakt zwischen den Verkaufsorganen des Anbieters einer Leistung und den Kunden. Der Außendienst zählt zu den wirksamsten und zugleich teuersten Kommunikationsmitteln der Unternehmung."[45] Mit dem Konzept des CAS versucht man, eine Effizienzsteigerung im Außendienst herbeizuführen.[46]

3.6.2.1 Die Bedeutung des Außendienstes

Der restriktive deutsche Ladenschluß, von Gewerkschafts- und Verbandsfunktionären des Einzelhandels befürwortet, erlaubt dem Autohaus mit seinem teuren high-tech Show-Equipment nur zeitlich limitierte Kundendienstlichkeit.

„(...) Kunden wollen dann beraten und informiert werden, wenn sie dafür aufnahmebereit sind. Kunden haben versperrte Ladentüren satt. Kunden wissen inszwischen aus Reisen nach Frankreich, nach Italien oder nach USA, wie animierend (...) der entspannte abendliche Einkauf sein kann. Kein Gesetz verbietet dem deutschen Autohaus das Angebot und die Verabredung zur Probefahrt am Abend (während der Ladenöffnungszeiten) und anschließend die ausführliche Beratung und Information in der Wohnung des Kunden, völlig ohne Zeitdruck. Wer auf seine Kunden „hört" und ihnen entgegengeht, der hat die Nase vorn."[47]

Verkaufsaußendienst muß natürlich nicht den Showroom des Autohauses ersetzen, vielmehr ist ein Nebeneinander denkbar.[48] Auch die Herstellerseite bekennt sich zum Weg auf die Kunden hin: „Nicht der Verkauf im Showroom, sondern die aktive Akquisition ist die Herausforderung der Zukunft,"[49] so Reinhold Carl, Leiter der Autoschulung bei Audi. Haben Kunden schon konkrete Vorstellungen bezüglich des neuen Automodells, nehmen findige Kfz-Verkäufer einen geeigneten Wagen gleich mit zum Kunden für die nach dem Verkaufsgespräch stattfindende Probefahrt.[50]

---

[45] Meffert, H., Marketing: Grundlagen der Absatzwirtschaft, 1991, S. 481 und 483. Vgl. Kotler, P.: Marketing-Management, 1995, S. 941.
[46] Vgl. Kotler, P.: Marketing-Management, 1995, S. 1102.
[47] Zach, F. C.: Begeisterte Kunden feilschen nicht, 1995, S. 217.
[48] Vgl. Zach, F. C.: Fang den Kunden, 1997, S. 22.
[49] Ebd., S. 22.
[50] Interview mit VW-Verkäufer Stefan Tanzer vom 21.01.1998, vgl. Anhang 18.

Die größte Herausforderung für das Autohaus soll an dieser Stelle nicht unerwähnt bleiben: Das **Internet**. Dieses weltumspannende Informationstool kennt keinen Ladenschluß. Virtuelle Fahrzeuge werden in der Cyberwelt mit interaktiven Kommunikationsmöglichkeiten an 7 Tagen in der Woche rund um die Uhr für ladenschlußunwillige Bummler zur Schau gestellt.[51] In einer Untersuchung der Universität Mannheim wurde herausgefunden, daß u. a. eine hohe Servicebereitschaft durch lange Öffnungszeiten in allen Bereichen ein herausragendes Merkmal erfolgreicher Autohäuser darstellt.[52]

Da das Automobil als langlebiges Konsumgut besonders erklärungsbedürftig ist, spielt der persönliche Verkauf und damit der Außendienst[53] eine entscheidende Rolle.[54] Diesen Sachverhalt soll folgende Grafik verdeutlichen:

niedrig	Bedeutung des persönlichen Verkaufs		hoch
niedrig ◄———	Preis des Produktes	———►	hoch
gering ◄———	soziale Relevanz des Produktes	———►	hoch
gering ◄———	Erklärungsbedürfnis des Produktes	———►	hoch
gering ◄———	Neuartigkeit des Produktes	———►	hoch
gering ◄———	Involvement bei der Kaufentscheidung	———►	hoch
hoch ◄———	Erfahrungsgrad mit der Produktgestaltung	———►	niedrig
hoch ◄———	Kaufhäufigkeit	———►	niedrig

Abb. 8: Stellenwert des persönlichen Verkaufs dargestellt am Beispiel der
        Automobilindustrie
Quelle: Meffert, H.: Marketing: Grundlagen marktorientierter Unternehmensführung, 1998, S. 822.

---

[51] Vgl. ebd., S. 22.
     Web-Seite von Mercedes-Benz: http://www.mercedes-benz.com/d/innovation/fmobil/virtual_car.htm.
[52] Vgl. Maier, A.: Erfolgsfaktoren im Automobilhandel, in: kfz-betrieb, 12/1995, S. 46.
[53] Der Begriff Außendienstverkauf wird vielfach Synonym für den persönlichen Verkauf verwendet: Vgl.
     Meffert, H.: Marketing: Grundlagen marktorientierter Unternehmensführung, 1998, S. 821.
[54] Vgl. ebd., S. 821.

Eine Untersuchung von BMW unter 216 Verkäufern und Verkäuferinnen sowie 52 Führungskräften aus 78 Autohäusern ergab, daß überdurchschnittlich erfolgreiche Verkäufer („Topverkäufer") „(...) häufiger die Gelegenheit wahrnehmen, auch <u>außergeschäftlich</u> mit dem Kunden zusammenzutreffen (...)"[55] (Hervorh. d. Verf.)

Konsequenterweise haben große Autohäuser und Niederlassungen die Zeichen der Zeit erkannt und ihre Verkäufer mit mobilen PC's (inkl. Verkaufssoftware) und modernen Druck- und Kommunikationsgeräten (Mobildrucker, Handy etc.) ausgestattet für den erfolgreichen Geschäftsabschluß am point-of-sales (POS). Als Beispiele sind zu nennen die Kfz-Verkäufer im Außendienst bei Mercedes-Benz und VW-Verkäufer bei der MAHAG (Münchener Automobilhandel Haberl KG).[56] Bereits Bestandteil der Verkäuferqualifizierung ist der Umgang mit dem Verkäufer-Laptop, der ebenfalls in der Nachwuchsverkäufer-Ausbildung trainiert wird.[57]

3.6.2.2 Besonderheiten bei Neuwagen, Gebrauchtwagen und Nutzfahrzeugen

Bei Neuwagen, wie z. B. Vorrats- und Vorführwagen, steht grundsätzlich nichts einem Außendienst entgegen.[58] Gebrauchtwagen, darunter fallen auch Jahreswagen, haben eine feste Ausstattung, werden also nicht konfiguriert, so daß ein Außendienst im Gebrauchtwagensektor weniger geeignet ist. Hier verläuft der Verkauf im Innendienst oder über Gebrauchtwagenbörsen, die es bereits im Internet gibt.[59] Bei Nutzfahrzeugen (Nfz), wo die Komplexität der kundenindividuellen Angeboterstellung um ein Vielfaches höher ist als bei PKW's, kommt man um einen computergestützten Außendienst nicht vorbei. In den USA wurde von der Fa. CWC Inc. in Mankato, Minnesota, für einen LKW-Hersteller ein auf dem

---

[55] Zeutschel, U., Hintzpeter, R., Patzelt, B.: BMW: "Jetzt wird auch der Verkauf super gemacht", in: HARVARD BUSINESS manager, 1/1995, S. 70.

[56] Vgl. Anhang 16-18.

[57] Vgl. o. V.: Lizenz zum Verkaufen, MBVD mit Vorreiterrolle beim Zertifikat „Geprüfter Automobilverkäufer", in: AUTOHAUS-FORUM MBVD, 1/2 1998, S. 56.

[58] Siehe hierzu Kapitel 5: Einsatz und Möglichkeiten mobiler PC's im Kfz-Handel.

[59] Vgl. Scherney, K.: Surfen in der GW-Börse, in: kfz-betrieb, 7/1997, S. 68 f. Riedel, W.: Internet - Autohändlers Todfeind? in: amz - auto motor zubehör, 11/1997, S. 60 ff. Fahrzeugbörse der CARDIS (Car Dealer Information Systems AG): htttp://www.cardis.de/cgi-bin/fzsuche1 oder Autocity-Automarkt: http://www.autocity.de/automarkt sowie BMW-Automarkt: http://www.bmw.de/automarkt/index.htm

Laptop einsetzbares Verkaufsberatungssystem entwickelt.[60] In der hiesigen Praxis benutzen Nfz-Verkäufer von MAN, Mercedes-Benz und Peugeot hochwertige mobile PC's, um die bestmögliche Anpassung des Produktes an die spezifische Transportaufgabe zu ermöglichen.[61]

4   Der mobile PC

4.1   Entstehung und Besonderheiten des mobilen PC's

„Seitdem es Personal Computer gibt, werden diese auch in einer transportablen Variante gebaut. Vor etwa 15 Jahren hatte ein solches Gerät der Firma Kaypro noch einen eingebauten Mini-Monitor. Später dann wurden Displays eingesetzt, die mit verschiedenen Technologien das, was der Computer darstellen will, sichtbar machen. "[62]

In der Zwischenzeit wurden aber nicht nur in der Displaytechnologie Quantensprünge gemacht, sondern auch in vielen anderen Bereichen (Prozessoren, Akkus etc., vgl. Kapitel 4.5.6).

Besonderheiten zum PC ergeben sich dahingehend, daß alle Bestandteile (Tastatur, Mausersatz, externe Laufwerke, Schnittstellen etc.) im Gehäuse integriert sind und das Display klappbar ist. Um auch mit diesem Gerät mobil und netzunabhängig zu sein, spielen ein akzeptables Höchstgewicht (ca. 3,5 kg) und die Akkulebenszeit eine wesentliche Rolle. Da die Entwicklung mobiler PC's aufwendiger ist als bei stationären Systemen, muß der Anwender die hohe Funktionalität der Geräte bei gleichzeitiger Mobilität mit einem wesentlich höheren Preis bezahlen, verglichen mit einem ähnlich ausgestatteten stationären PC.[63] Erfreulicherweise werden aber die Preisdiskrepanzen zwischen mobilen und stationären Geräten geringer.[64]

Bezüglich der Leistungsfähigkeit brauchen die heutigen Mobil-PC's sich nicht mehr vor dem

---

[60] Vgl. Ludvigsen, K. E.: Kundenorientierung in der Automobilbranche, 1995, S. 166.
[61] Vgl. für Mercedes-Benz: Bunk, B.: Produkte differenzieren - Beratung bündeln, in: absatzwirtschaft, 7/1992, S. 58-62. o. V.: Im Vertrieb sind Notebooks immer Mittel zum Zweck, in: PC Magazin, 37/1993, S. 42 f. Peugeot, München wurde interviewt (vgl. Anhang 17); MAN ist u. a. mit Mobil-PC's Kunde der Siemens Nixdorf Informationssysteme AG.
[62] Jungbluth, T.: Notebooks richtig einsetzten, 1996, S. 11.
[63] Vgl. Unland, H.: Mobile Computing in Europa, in: OFFICE MANAGEMENT, 10/1995, S. 22.
[64] Vgl. ebd., S. 21.

stationären Pendant Desktop zu verstecken.[65]

4.2 Typen des mobilen PC's

Die Größe und das Gewicht mobiler PC's, zwei wichtige Kaufkriterien für mobile Anwender, konnten in der Vergangenheit rapide reduziert werden - bei gleichzeitig immer besseren Systemkomponenten. Die folgende Grafik reflektiert zum einen die historische Entwicklung mobiler PC's, zum anderen gibt sie einen Überblick über die verfügbaren Typen mobiler bzw. tragbarer Computer, gegliedert nach dem Miniaturisierungsgrad:[66]

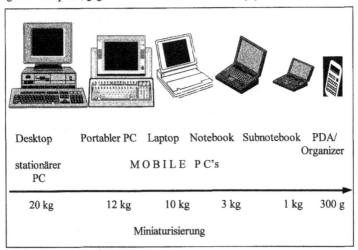

Abb. 9: Miniaturisierung tragbarer Computer
Quelle: in Anlehunung an: Repschlaeger, M.; Riedel, D.: Mobiles Büro, 1995, S. 66.
Fleschner, F.: Für mobile Arbeiter, in: FOCUS, 12/1998, S. 186.

4.3 Erklärung des Begriffs Notebook

Unter einem Notebook versteht man einen tragbaren Computer im DIN-A4-Format mit

---

[65] Vgl. Tischer, M.: Jeder fängt klein an - Das große 1 x 1 in Sachen Notebook-Technik, 1997, o. S.
da Vorwort. Niemeier, J.; Engstler, M.; Schäfer, M.; Koll, P.: Mobile Computing, 1994, S. 18.
Mühlenburg, A.: Notebooks - mobile computing, in: PC SHOPPING, 3/1997, S. 67. Bauer, G.: Optimal dank Kombination, in: NOTEBOOK & Organizer, 1/1998, S. 3.
[66] Vgl. Niemeier, J.; Engstler, M.; Schäfer, M.; Koll, P.: Mobile Computing, 1994, S. 35.

einer Höhe von ca. 3 - 5 cm und einem Gewicht von ca. 3 kg.[67] Die älteren Vorgänger hießen Laptops, sie waren schwerer und wurden deshalb vielerorts scherzhaft als „Schlepptop" tituliert.[68] Der Begriff des Laptop ist aber in der Praxis heute immer noch üblich, beispielsweise gibt es Laptop-Häuser, die mit dieser Bezeichnung weiterhin noch werben, jedoch ist die Bezeichnung Notebook moderner, da sie auch in Fachzeitschriften verwendet wird.

Als Subnotebooks hingegen bezeichnet man Mini-Computer im DIN-A5-Format.[69] Auf ihnen läuft das Betriebssystem Windows 95 und ermöglicht den Einsatz der gleichen Standardapplikationen, z. B. Excel, wie auf ihren großen Brüdern, den Notebooks. Aufgrund der kleineren Bauweise entfällt bei Subnotebooks ein internes, d. h. im Gehäuse integriertes, Disketten- oder CD-ROM-Laufwerk.

4.4 Grundlagen für das erfolgreiche Verkaufen mit dem mobilen PC

4.4.1 Die Akzeptanz des Notebookeinsatzes beim Beratungsgespräch

Die Frage der Notebookakzeptanz beim Kunden wurde für die Versicherungsbranche durch die Psychonomics, Gesellschaft für wirtschafts-psychologische Forschung und Beratung geklärt, die im Auftrag der Alldata GmbH ca. 1300 Bundesbürger befragte: Danach fühlen sich mehr als die Hälfte der Versicherungsnehmer durch den Verkäuferlaptop eher nicht (33 %) bis überhaupt nicht (28 %) gestört. Demgegenüber sind fast 30 % nicht begeistert, wenn der Verkäufer sein Notebook vor ihnen aufklappt. Hierunter fallen vor allem ältere Menschen und EDV-Unerfahrene.[70]

[67] Vgl. Ritter, F.; Sasse, V.: Notebook PowerPack, 1993, S. 19. Howard, B.: Notebooks & Laptops Guide, 1992, S. 34. Repschlaeger, M., Riedel, D.: Mobile Büros, 1995, S. 64.
[68] Vgl. Mülder W.; Weis, H.: Computerintegriertes Marketing, 1996, S. 76. Jungbluth, T.: Notebooks richtig einsetzen, 1996, S. 15.
[69] Vgl. Repschlaeger, M., Riedel, D., Mobile Büros, 1995, S. 65, sowie Kapitel 7.1, S. 66, Abb. 18.
[70] Vgl. o. V.: Akzeptanz beim Kunden. PC Einsatz: in: Außendienst Information (AI), Trainingskurs für

4.4.2 Empfehlungen für den erfolgreichen Einsatz beim Verkauf

„Eine wettbewerbsfähige Präsentationstechnik ist für den Verkaufserfolg unverzichtbar. Ziel muß es sein, das eigene Unternehmen und Leistungsangebot überzeugend darzustellen. Es kommt darauf an, die Kernbotschaft motivierend, kompetent, verständlich und einprägsam zu vermitteln. "[71] "Eine Multimedia-Show läuft vom Notebook - auch ohne Referent. Im Verkaufsgespräch jedoch kann das Notebook zum Feind werden, wenn das Fingerspitzengefühl fehlt. "[72]

Aus diesem Grunde ist eine Schulung und Trainierung der neuen Verkaufsgesprächssituation Voraussetzung für den erfolgreichen Einsatz neuer Medien im Verkauf.[73]

Nachfolgend einige wichtige Punkte für das erfolgreiche notebookgestützte Verkaufsgespräch:[74]

- gute Vorbereitung:

  a) verkäuferbezogen: Hat der Verkäufer an systemspezifischen und speziellen Verkaufstrainings teilgenommen? Ist er mit dem System vertraut und so sicher, daß er sich voll auf das Kundengespräch konzentrieren kann?

  b) systembezogen:

  Ist der Akku aufgeladen? Ist ein Netzteil einsetzbar? Ist die Software auf dem aktuellen Stand? Lassen sich die kundenbezogenen Daten problemlos in der Kunden- und Produktdatenbank finden?

- gute Durchführung:

  a) Notebook nicht zu früh einsetzen: Gerade in der Anfangsphase des Gespräches ist der Kunde für Ablenkungen sehr empfindlich. Vielmehr sollte eine geeignete Gesprächsunterbrechung abgewartet werden.

---

systematische Akquisition, 9/1995, Nr. 309, o. S.
[71] Thiele, A.: Außendienst Studienlehrgang: Computergestützte Präsentation, in: Außendienst Information (AI)-Trainingskurs für systematisches Verkaufen, Vertreterbeilage zu Nr. 707 vom 14.06.1997.
[72] Koch, W.: Freund oder Feind? in: PC Mobil, 3-4/1997, S. 104.
[73] Vgl. Mülder, W.; Weis, H. C.: Computerintegriertes Marketing, 1996, S. 419.
[74] Vgl. Koch, W.: Freund oder Feind? in: PC Mobil, 3-4/1997, S. 104. o. V.: Vom Notebook profitieren, in: Außendienst Information (AI)-Trainingskurs für systematisches Verkaufen, Nr. 680 vom 18.05.1996, o. S.

b) Notebook richtig placieren: Das Notebook soll so placiert werden, daß der Verkäufer und der Kunde bequem auf den Bildschirm sehen können. Dadurch, daß der Kunde die Eingaben und Ausgaben am Bildschirm verfolgen kann, wird das Interesse wachgehalten. Auf diese Weise entsteht auch keine Bildschirm-Barriere, und das Verhältnis zwischen Verkäufer und Kunden ist entspannter. Falls der Schreibtisch des Kunden benutzt wird, soll man der Höflichkeit wegen den Kunden fragen, ob man das Notebook darauf abstellen darf.

c) Notebook richtig benutzen: Unter Umständen empfiehlt sich der Einsatz einer externen Maus, da diese im allgemeinen leichter und schneller zu bedienen ist als der Mausersatz.

d) Kundenbeobachtung: Der Kunde ist vom Verkäufer ständig zu beobachten. Durch den Computereinsatz ändert sich die Verkaufsatmosphäre (vgl. Abb. 10). Die Atmosphäre kann sich verschlechtern, wenn der Kunde z. B. mit PC-Programmen und Computern nicht vertraut ist oder schlechte Erfahrungen gemacht hat. Der Kunde kann aber auch enttäuscht sein, wenn der Verkäufer zu sehr auf das Notebook fixiert ist. Zuträglich für die Verkaufsatmosphäre ist es hingegen, wenn der Kunde positiv auf den Einsatz des Notebooks reagiert, wenn er neugierig auf das noch Folgende wird.

e) Fragen stellen: Damit der Kunde das Gefühl hat, im Mittelpunkt des Vertreterinteresses zu stehen, sollen Fragen an ihn gestellt werden und diese Fragen per Mausklick interaktiv beantwortet werden.

f) Zwischenfragen des Kunden: Die Programme müssen normalerweise menügesteuert Punkt für Punkt abgearbeitet werden. Zwischenfragen des Kunden können manchmal unpassend gestellt werden, da diese erst später abgefragt werden. Dies ist dem Kunden verständlich darzulegen.

g) Längere Unterbrechungen: Wird die Präsentation am Notebook für längere Zeit unterbrochen, soll das Notebook besser deaktiviert, z. B. in den Sleep-Modus geschaltet werden.

Der Verkäufer sollte immer den erfolgreichen Abschluß im Hinterkopf haben und nicht vergessen, daß er nicht für das Vorführen eines Programmes bezahlt wird. „Selbsterkenntnis und Kundenkenntnis sind bei der PC-Präsentation mehr als in anderen Situationen gefordert, um in dem komplizierten Dreiecksverhältnis zwischen Kunden, Notebook und Vortragendem die Beziehung und Atmosphäre zu kontrollieren."[75]

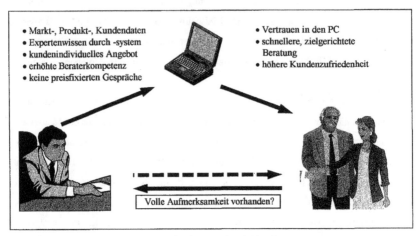

Abb. 10: Dreiecksbeziehung Verkäufer-Notebook-Kunde

Eigene Darstellung

4.5 Mobile Computing

Der Wunsch nach umfassender Informationsversorgung und Mobilität stand früher in einem Spannungsverhältnis. Entweder hatte man die aktuellen Informationen verfügbar und war dann nicht mobil, oder man war mobil und hatte dafür keinen oder nur unzureichenden Zugriff auf Informationen. Mobil Computing löst nun dieses Spannungsverhältnis (vgl. Abb. 11).[76]

---

[75] Koch, W.: Freund oder Feind? in: PC Mobil, 3-4/1997, S. 105.

[76] Vgl. Diehl, N.; Held, A.: Mobile Computing. Systeme, Kommunikation, Anwendungen, 1994, S. 3.

Abb. 11: Mobile Computing
Quelle: Diehl, N.; Held, A.: Mobile Computing, 1995, S. 3.

4.5.1 Bestandteile des Mobile Computing

Kernstück eines Mobile-Computing-Konzeptes ist das mobile Datenendgerät.

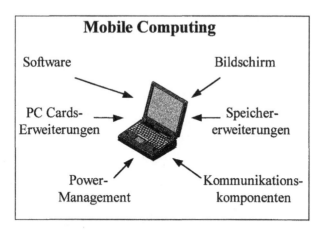

Abb. 12: Bestandteile des Mobile Computing
Quelle: in Anlehnung an: Repschlaeger, M.; Riedel, D: Mobile Büros, S. 63.

4.5.2 Traditionelle Einsatzmöglichkeiten

Mobile Computing eignet sich für vielfältige Anwendungen. Einsatzfelder sind überall dort denkbar, wo sich Arbeiter frei bewegen müssen und dennoch auf schnelle und aktuelle Informationen angewiesen sind oder Informationen austauschen müssen. [77] „Der Bedarf nach mobiler Technik zur Unterstützung des Geschäfts bestimmt sich nach der Mobilität des Technikeinsatzes (innerhalb und außerhalb der Unternehmensgrenzen, Anm. d. Verf.) und nach der Kommunikationsintensität der Anwendung."[78]

Weitere Anwendungsfelder für Mobile Computing erhofft man sich, „(...) wenn die drahtlosen Kommunikationsnetze leistungsfähiger, die Bitraten höher werden."[79] Dies wird bereits im Jahre 2001 der Fall sein, wenn im Mobilfunkbereich der neue breitbandige Standard UMTS (Universal Mobile Telecommunications System) eingeführt ist.[80]

Die mit Abstand bedeutendste Anwendergruppe bei Laptops und Notebooks ist der Außendienst. Dies haben Anwenderumfragen u. a. von PC Magazin herausgefunden.[81]

4.5.3 Vorteile des Mobile Computing

„Ziel der Einführung von mobilen Rechnern ist letztlich eine verbesserte Kommunikation und Informationsversorgung. Deshalb bedarf es zunächst einer umfassenden Analyse: Welche Gruppen innerhalb des Unternehmens sind mobil tätig? Welche Auswirkungen hat Mobile Computing auf bestehende Arbeitsprozesse? Welche Arten von Kommunikation treten auf, wer kommuniziert mit wem, welche Informationen werden wo benötigt? Auch eine Kosten-Nutzen-Analyse sollte durchgeführt werden."[82]

Sind diese und ähnliche Fragen aussagefähig beantwortet, steht nichts entgegen, aus den Nutzenpotentialen mobiler Technologien zu profitieren.

---

[77] Vgl. Diehl, N.; Held, A.: Mobile Computing. Systeme, Kommunikation, Anwendungen, 1994, S. 65.
[78] Niemeier, J.; Engstler, M.; Schäfer, M.; Koll, P.: Mobile Computing, 1994, S. 20.
[79] Diehl, N.; Held, A.: Mobile Computing. Systeme, Kommunikation, Anwendungen, 1994, S. 67.
[80] Vgl. Weidelich, F.: Neuer Mobilfunk-Standard, in: Süddeutsche Zeitung vom 18.03.1998, CeBit '98 Beilage, S. XIX.
[81] Vgl. o. V.: Im Vertrieb sind Notebooks immer Mittel zum Zweck, in: PC Magazin, 37/1993, S. 42.
  Mülder, W.; Weis, H. C.: Computerintegriertes Marketing, 1996, S. 76.
[82] Torabli, K.; Eitel, B.: Heißer Draht im Aktenkoffer, in: Business Computing 12/1995, S. 61.

Diese Nutzenpotentiale erstrecken sich auf das a) kundendominante Qualitätsmanagement, b) auf die Regionalisierung, Internationalisierung und Mobilität, c) auf die Optimierung der Geschäftsprozesse und d) auf die Steigerung des Humanvermögens.[83]

Kunden, **Mitarbeiter** und **Unternehmen**, die in einer Wechselbeziehung zueinander stehen, werden durch mobile Technologien vorteilhaft beeinflußt:[84]

[83] Vgl. Niemeier, J.; Engstler, M.; Schäfer, M.; Koll, P.: Mobile Computing, 1994, S. 16 f.
[84] Vgl. ebd., S. 16 ff. Torabli, K.; Eitel, B.: Heißer Draht im Aktenkoffer, in: Business Computing 12/1995, S. 61 ff.

aus Kundensicht	aus Sicht des mobilen Mitarbeiter	aus Unternehmensperspektive
• qualitativ verbesserte Beratung durch aktuelle Informationen • erhöhte Kompetenz des Ansprechpartners • schnellere und bessere Bearbeitung • kürzere Lieferzeiten • letztlich höhere Kundenzufriedenheit	• Vermeidung von Doppelerfassung • höhere Verantwortung (job enrichment) • Qualifizierung für bereichsübergreifendes Denken • Ausdehnung der Aufgabenbereiche (job enlargement) • Computer als „Intelligenzverstärker" • schneller Zugriff auf wichtige Daten • kürzere Entscheidungswege • Verarbeitung der Daten vor Ort • Arbeit wird unabhängig vom Arbeitsort • höhere Motivation	• Optimierung der Übergänge entlang der Prozeßkette durch Datenintegration • Reduzierung der Entscheidungszeiten durch beschleunigte Entscheidungsprozesse • Qualitätssteigerung • höhere Leistung der Mitarbeiter • geringeres Dokumentenvolumen • Fehlerreduktion durch direkte Dateneingabe • integratives Denken wird gefördert • Unterstützung der Vision: „Zentral führen, dezentral entscheiden, lokal handeln" • höheres Firmenimage

Abb. 13: Einfluß des Mobile Computing auf Kunden, Mitarbeiter und Unternehmen
Quelle: Eigene Darstellung, in Anlehnung an: Niemeier, J.; Engstler, M.; Schäfer, M.; Koll, P.: Mobile Computing, 1994, S. 16 f. Torabli, v. K.; Eitel, B.: Heißer Draht im Aktenkoffer, in: Business Computing, 12/1995, S. 61 ff.

Die Unternehmensberatung Arthur D. Little, Inc. konnte 1990 in Amerika in einer Untersuchung über die Produktivitätszugewinne durch den Computereinsatz folgende Erkenntnisse gewinnen: „Benutzer von Laptops ordnen dem Computer einen größeren Zugewinn ihrer Arbeitsproduktivität zu als dies Benutzer stationärer PCs zum Ausdruck bringen."[85] Die Studie kommt „(...) zu dem Ergebnis, daß die höhere Produktivität des Laptop-

---

[85] Schmitz-Hübsch, E.: Computer Aided Selling. Vernetzte Informationssysteme im Innen- und Außendienst,

Einsatzes gegenüber dem stationären PC sowohl in dem Personenkreis als auch in der Mobilität des Gerätes selbst begründet ist."[86]

4.5.4 Nachteile des Mobile Computing

„Wirtschaftlich gesehen bindet eine unternehmensweite Ausrüstung der Mitarbeiter mit mobilen Computern viel Kapital. Dazu kommt die technische Komplexität der Rechner und Software und Netzwerke. Administratoren und ein Benutzerservice sind nötig. "[87]

Die Gartner Group hat herausgefunden, daß die total cost of ownership (TCO) für mobile Lösungen bis zu 58 % über den auf LAN-basierten Lösungen liegen können.[88] Die Mobilcomputer selbst sind zwar nur begrenzt bzw. unter hohen Kosten aufrüstbar,[89] jedoch ermöglicht der modulare Aufbau der einzelnen Komponenten (Festplatte, CD-ROM, Akku, Diskettenlauf- und ZIP-Laufwerk etc.) ein problemloses Austauschen der Module.[90] Unterbleiben die notwendigen Aufbau- und Ablaufstrukturanalysen vor der System-implementierung, werden die Anwender nicht einbezogen und nur unzureichend geschult, so muß mit einer fehlenden Anwenderakzeptanz und damit mit dem Scheitern des Projektes gerechnet werden.[91] Deshalb empfiehlt sich ein schrittweises Vorgehen beim Mobile-Computing-Projekt.[92] Ferner dürfen Aspekte des Datenschutzes und der Datensicherheit nicht außer acht gelassen werden.[93] Diesen Risiken kann mit modernen Techniken begegnet werden (z. B. Virenschutz, Paßwortschutz, Kryptografie, SmartCard-Zugangsschutz, mechanische Lockvorrichtungen gegen Notebook-Diebstahl etc.). Beispielsweise „(...) ist der SCENIC Mobile 800 als erstes Notebook mit einem integrierten Zugangsschutz über eine Chipkarte ausgestattet."[94]

1992, S. 168 f.

[86] Ebd., S. 169.

[87] Torabli, v. K.; Eitel, B.: Heißer Draht im Aktenkoffer, in: Business Computing, 12/1995, S. 61.

[88] Vgl. Hülk, C.: IT im nächsten Jahrtausend: Remote macht mobil, in: online, 7/1997, S. 54.

[89] Vgl. Mühlenburg, A.: Notebooks - mobile computing, in: PC-SHOPPING, 3/1997, S. 67.

[90] Vgl. Unland, H.: Mobile Computing in Europa, in: OFFICE MANAGEMENT, 10/1995, S. 21 f.

[91] Vgl.Torabli, K.; Eitel, B.: Heißer Draht im Aktenkoffer, in: Business Computing, 12/1995, S. 61.

[92] Vgl. ebd., S. 62. Schwetz, W.: Computer Aided Selling (CAS): Wachsendes Interesse an Software zur Vertriebsunterstützung, PC MOBIL. Das Magazin für Toshiba Computer, 9-10/1997, S. 29 f.

[93] Vgl. Niemeier, J.; Engstler, M.; Schäfer, M.; Koll, P.: Mobile Computing, 1994, S. 103 f. Stolp, J.: Kundendaten schützen: Sicherer Einsatz von Notebooks im Außendienst, in: versicherungsbetriebe, 2/1996, S. 42 ff. Kulczycki, G.: Information Security, in: MANAGEMENT ACCOUNTING, 12/1997, S. 22 ff.

[94] O. V.: Mit Sicherheit, in: SCENIC MOBILE, Mobile Computing mit Siemens Nixdorf, 1/1998, S. 18.

Es darf nicht vergessen werden, daß der Mobilcomputer selbst aufgrund seiner technischen Bauweise erhöhten Risiken ausgesetzt ist: Notebooks sind stoß- und flüssigkeits-, hitze- und staubempfindlich. Jedoch erweisen sich die Geräte bei sachgemäßem Gebrauch in der Praxis als recht verläßlich.[95]

4.5.5 Marktentwicklung von Mobil-PC's:

„Der Markt für mobile Technologien gilt als einer der größten Wachstumsmärkte in den nächsten Jahren weltweit."[96] Die Hersteller von mobilen Computer erleben jährlich zweistellige Zuwachsraten.[97] „Die Marktforscher des amerikanischen Beratungsunternehmens Frost & Sullivan gehen davon aus, daß sich der Umsatz mit Notebooks bis zum Ende des Jahrzehnts fast verdreifacht."[98] Den boomenden Markt für Notebooks und Sub-Notebooks in Europa zeigt folgende Grafik:

Europa-Absatzprognose Mobil-PC's

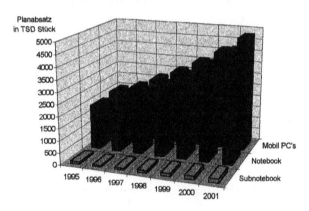

Abb. 14: Europa-Absatzprognose Mobil-PC's
Quelle: Siemens Nixdorf/Dataquest

---

[95] Vgl. o. V.: Moderne Mobil-PC's sind recht verläßlich, in: INFORMATION Week, 13/1997, S. 106.
[96] Niemeier, J.; Engstler, M.; Schäfer, M.; Koll, P.: Mobile Computing, 1994, S. 35.
[97] Vgl. Geisler, H.: Die Zukunft einer Industrie, in: PC Mobil, 2-3/1998, S. 18.
[98] Hohensee, M.: Klobige Finger, in: WIRTSCHAFTSWOCHE, Nr. 12/997, 102 ff.

Insgesamt macht der mobile PC-Markt ca. 15 % des gesamten PC-Marktes in Deutschland aus.[99] Bis 2001 rechnet man mit einem Ansteigen von mobilen Systemen auf ca. 18 % im Vergleich zu stationären Systemen.[100] Ein Blick nach den USA beweist, daß der Anteil mobiler PC's auf dem gesamten deutschen Computermarkt hinterherhinkt, da in den USA der Notebook-Anteil bereits bei knapp 40 % liegt.[101]

Anteil mobiler PC's am PC-Gesamtmarkt (%)

Abb. 15: Anteil mobiler PC's am PC-Gesamtmarkt
Eigene Darstellung

4.5.6 Technologischer Ausblick

In Notebooks finden nicht mehr wie früher unter zeitlicher Verzögerung „verschlankte" Desktop-Technologien den Einsatz. In jüngster Zeit sind es vielmehr die Notebook-Hersteller, die mit neuen Standards und technischen Innovationen glänzen, die sich später bei Desktop-Geräten durchsetzen. Als Beispiele hierfür sind zu nennen: der Universal Serial Bus (USB), die PC Cards, LCD-Monitore (Flachbildschirme auf TFT-Technologie basierend[102]), Infrarot-schnittstellen (IRDA) oder Stromspartechniken, wie das ACPI.[103] Nach Kevin A. Clark, Direktor für strategisches Marketing bei IBM, USA, werden die Prozessoren weiterentwickelt, deren Geschwindigkeit sich nach Moores Gesetz[104] alle 18 Monate verdoppelt.[105] „In dieser Zeitspanne werden die Festplattenkapazitäten den Trend zur Verdoppelung fast überschreiten. Und ich glaube, daß mehr und mehr Funktionen in das Gerät integriert werden und damit die

---

[99] Vgl. o. V.: Toshiba will mit Desktops wachsen, in: online 8/1997, S. 12.
[100] Dataquest/Siemens Nixdorf AG.
[101] Vgl. o. V.: Vorwärts in die Zukunft. Notebook-Technologie, in: NOTEBOOK & Organizer, 4/1998, S. 47.
[102] Vgl. o. V.: Der Flachbildschirm, in: SCENIC MOBILE, Mobile Computing mit Siemens Nixdorf, 2/1997, S. 13.
[103] Vgl. Tischer, M.: Jeder fängt klein an - Das große 1 x 1 in Sachen Notebook-Technik, 1997, o. S. da Vorwort.
[104] Mooresches Gesetz: Prognose des Intel-Gründers Gordon Moore, nach der sich alle 18 Monate die Zahl der elektronischen Schalter auf der Chipoberfläche und damit auch die Operations- und Speicherfähigkeiten eines Mikrochips erhöhen. Vgl. Hendricks, B.: Spielfilme auf Diskette, in: Süddeutsche Zeitung vom 18.3.1998, CeBit '98 Beilage, S. 2.
[105] Vgl. Hinnenberg, R.: Wettbewerbsvorteil durch Notebooks, Interview mit Kevin A. Clark, IBM, in: PC Mobil, 1/1998, S. 18.

PC Cards obsolet machen."[106] Auf der CeBit '98 wurden die ersten Notebooks mit Pentium-II-Prozessoren vorgestellt.[107] Damit hat man mit den Desktop-Geräten in der Prozessorgeneration bereits gleichgezogen. In Notebooks sind schon erste DVD-Laufwerke integriert, die neben den neuen Digital Versatile Disks auch die herkömmlichen CD-ROMs lesen können.[108] Eine neue Notebook-Display-Technologie kündigt sich bereits mit dem HR-TFT-Display an, welches dünner, leichter und energiesparender als ein herkömmlicher TFT-Bildschirm ist.[109] Fortschritte bahnen sich auch in der Akkutechnologie an: Lithium-Polymer-Akkus sind ca. 60 % leichter als gleich starke Lithium-Ionen-Akkus und außerdem noch verformbar und damit für ultraflache Notebooks besonders geeignet. In der Entwicklungsphase befinden sich noch Zink-Luft-Akkus, die eine weitere Miniaturisierung der Mobilgeräte erlauben sollen.[110] Langfristig sollen die aus vielen mechanischen Bauteilen bestehenden Massenspeicher (Festplatten) durch Speicherchips auf Silizium- oder optischer Basis ersetzt werden, so daß weitere Fortschritte im Bereich der Miniaturisierung und des Stromverbrauchs möglich sind.[111] Bei der Notebook-Bauweise lassen sich zwei gegenläufige Trends erkennen: Es wird versucht, ein immer größeres Display im Gehäuse[112] mit weiteren Komponenten (integriertes Netzteil, CD-ROM, Diskettenlaufwerk, Akku, Modem etc.) zu integrieren.[113] Ein Überschreiten des gewünschten A4-Formats und einer niedrigen Bauhöhe läßt sich dann nicht mehr vermeiden.[114] Auf der anderen Seite versuchen die Hersteller, die Notebooks insgesamt leichter sowie flacher und breiter oder schmaler und dafür höher zu bauen und sich so erfolgreich im Ultraportable-Bereich zu positionieren.[115]

---

[106] Ebd., S. 18.
[107] Vgl. o. V.: Pentium II für Notebooks, in: NOTEBOOK & Organizer, 4/1998, S. 12.
[108] Vgl. o. V.: Der Klassen-Primus. Toshiba Tecra 750 DVD, in: NOTEBOOK & Organizer, 4/1998, S. 34.
[109] Vgl. o. V.: Spieglein, Spieglein. Technologie: Notebook-Displays, in: NOTEBOOK & Organizer, 4/1998, S. 50 f.
[110] Vgl. o. V.: Kraftwerk. Akkus und Powermanagement, in: NOTEBOOK & Organizer, 4/1998, S. 48 f.
[111] Vgl. o. V.: Sie drehen sich doch. Notebook-Technologie: Massenspeicher und Miniaturisierung, in: NOTEBOOK & Organizer, 4/1998, S. 52 f.
[112] Z. B. gibt es Notebooks mit 15-Zoll-Displays: Rink, J.: Größe XXL, Notebook mit 15-Zoll-Display, in: Magazin für Computertechnik (c't), 3/1998, S. 50 ff.
[113] Vgl. Hinnenberg, R.: Die Rückkehr der Portables. Große Displays lassen Notebooks wachsen, in: PC Magazin, 23/1997, S. 9.
[114] Vgl. Schraven, R.: 10 Prozent Verkauf über Einzelhandel, Interview in: PC Mobil, 2-3/1998, S. 16.
[115] Vgl. Geisler, H.: Die Zukunft einer Industrie, in: PC Mobil, 2-3/1998, S. 19. Messebericht Personal

5   Einsatz und Möglichkeiten mobiler PC's im Kfz-Handel

„Im Neuwagen- und Gebrauchtwagenbereich haben die Verkäufer die Möglichkeit, durch genaue Aufklärung über die Garantiebedingungen, die Erläuterung des Sicherheitszubehörs am Fahrzeug, das Transparentmachen der Fahrzeugpreise und die intensive Beratung in bezug auf die individuellen Bedürfnisse des Kunden Vertrauen zu schaffen und den Profilierungsschwerpunkt 'Sicherheit' zu verwirklichen."[116] In einer Verkäuferstudie von CarGarantie und AUTOHAUS wurde festgestellt, daß die Kundenberatung und -betreuung durch den PKW-Verkäufer eine entscheidende Rolle spielt. Über 80 % der Kunden kaufen dort, wo sie zu ihrer Zufriedenheit beraten wurden.[117] Freundlichkeit und engagiertes Bemühen (Sozialkompetenz) des Verkäufers sind von großer Bedeutung. Entsteht der Eindruck unzureichender Verkäuferkompetenz, ist dies ein wesentlicher Grund, warum die Kunden einen anderen Händler vorziehen.[118] Was sind nun die Merkmale von Kompetenz und Inkompetenz? Ein Kfz-Verkäufer wird von Kunden dann als kompetent angesehen, wenn er alle Fragen beantworten kann (70,1 %), recht präzise technische Beschreibungen geben kann (32,8 %) und nicht ständig in Unterlagen blättert.[119] Genau hier liegen die Chancen für das Notebook, da es den Kfz-Verkäufer in seiner Beratungskompetenz spürbar stärken kann und das Blättern in (veralteten) Unterlagen überflüssig macht. Kunden kommen dann zu einer positiven Kaufentscheidung (=Vertragsabschluß), wenn es dem Verkäufer gelingt, dem Kunden das Gefühl zu vermitteln, bei ihm in guten Händen zu sein (ca. 85 %).[120] Harte Kriterien (wie z. B. der Preis) treten als Konsequenz in den Hintergrund und versprechen ein besseres Verkäuferergebnis.

Im folgenden sollen die gegenwärtigen Nutzungsbereiche von Notebooks im Automobilverkauf und deren zukünftige Möglichkeiten dargelegt werden.

Computer, Comdex Fall 1997 (17. - 21.11.1997) der Siemens Nixdorf Informationssysteme AG.
[116] Ahlert, D.: Strategisches Handelsmanagement, Erfolgskonzepte und Profilierungsstrategien am Beispiel des Automobilhandels, 1996, S. 161.
[117] Vgl. Brachat, H.; Schmid, M.; Heinl, G.; Wippermann, C.: CarGarantie/AUTOHAUS PKW-Verkäuferstudie '94, 1994, S. 40 f.
[118] Vgl. ebd., S. 44 f.
[119] Vgl. ebd., S. 49.

5.1 Bestehende Einsatzbereiche mobiler PC's

5.1.1 Der PC als mobiles Datenerfassungsgerät

Damit ein Notebook als voll funktionsfähiges mobiles Datenerfassungsgerät (MDE) dem Anwender zur Verfügung steht, muß es einige technische Merkmale erfüllen. Von besonderer Wichtigkeit ist die Netzunabhängigkeit. Für mobile Anwender ist es von großer Bedeutung, möglichst lange Zeit nicht auf die Steckdose angewiesen zu sein. Dieses Merkmal wird durch modernste Akku-Technologie mittels Litium-Ionen-Akkus gewährleistet.[121]

Zweites, ebenso wichtiges Merkmal ist der reichliche Festplattenspeicher. Da die Datenflut immer mehr zunimmt und die Programme immer aufwendiger werden, ist eine große Festplatte von Vorteil, will man nicht frühzeitig an die Systemgrenzen stoßen. Nachträgliches Auswechseln der hard disks ist aufwendig und kostspielig. Festplatten, welche bei Notebooks kaum größer als eine Streichholzschachtel sind, gibt es heute bereits mit 5 GB Speicherkapazität.[122]

Sollen Daten auf physikalischem Wege gewechselt werden, so eignen sich hierfür Wechseldatenträger. Beispielsweise gibt es Notebooks, die den weit verbreiteten[123] 100 MB ZIP-Standard unterstützen und ein internes ZIP-Laufwerk im Multifunktionsschacht („FlexiBay") aufnehmen können. Neben dem Vorteil der fast 70-fachen Speicherkapazität ist die wesentlich schnellere Datenübertragungsrate als beim herkömmlichen 1,44 MB Floppy-disk-Standard zu erwähnen. Das Anfertigen von Backups ist unterwegs genauso problemlos möglich wie das direkte Laden von Dateien (z. B. einer Präsentationsdatei) von der ZIP.[124] Auf

---

[120] Vgl. ebd., S. 49.

[121] Vgl. o. V.: Wie lange laufen sie denn? Der Lithium-Ionen-Akku im Notebook, in: SCENIC MOBILE, Mobile Computing mit Siemens Nixdorf, 2/1997, S. 26 ff. Wester, J.: Stromkanister, Test: Akku-Laufzeiten, in: PC Mobil, 4/1998, S. 36 ff.

[122] Vgl. o. V.: Neue Optionen für den SCENIC Mobile 710, in: SCENIC MOBILE, Mobile Computing mit Siemens Nixdorf, 3/1997, S. 5.

[123] Derzeit arbeiten schon 12 Milionen Anwender mit ZIP-Laufwerken. Vgl. o. V.: Das ZIP-Laufwerk für den SCENIC Mobile 320 und 710, in: SCENIC MOBILE, Mobile Computing mit Siemens Nixdorf, 1/1998, S. 23.

[124] Vgl. o. V.: Das ZIP-Laufwerk für den SCENIC Mobile 320 und 710, in: SCENIC MOBILE, Mobile Computing mit Siemens Nixdorf, 1/1998, S. 24.

der CeBit '98 stellte die Firma AMACOM TECHNOLOGIES LIMITED, England, ein sehr innovatives Wechselspeichermedium vor. Mit der „Flipdisk" ist es möglich, wahlweise über die PCMCIA- oder Parallelschnittstelle ohne „Kabelsalat" bis zu 8 GB mit Geschwindigkeiten[125] interner Festplatten zu übertragen. Ein weiterer Vorteil ist, daß die Stromzufuhr vom Mobil-PC erfolgt und dadurch ein Netzteil entfällt. Diese sehr flexible Speicherlösung eignet sich für Notebook- und Desktop-User gleichermaßen.

Notebooks müssen nicht als unflexible stand-alone-Geräte genutzt werden. Für Walter Rössler, Chef des Geschäftsgebietes Personal Computer bei Siemens Nixdorf in Augsburg, machen „(...) Kommunikations-Funktionen (...) tragbare Rechner zu wirklich mobilen Daten-endgeräten. Die Möglichkeit, nahezu permanent Kontakt zu seiner Dienstbasis zu halten, wird viele Benutzer überzeugen."[126]

5.1.2 Database Marketing

„Unter Database Marketing soll (...) ein Marketing auf der Basis kundenindividueller, in einer Datenbank gespeicherter Informationen verstanden werden (...)."[127] Auf Notebooks können problemlos Kundendatenbanken installiert werden, auf die der mobile Verkäufer vor Ort und jederzeit Zugriff hat. In einer PKW-Verkäuferstudie von CarGarantie und AUTOHAUS haben 60 % der Kunden keine Bedenken und Einwände, wenn kundenbezogene Daten beim Autohändler erfaßt werden. Fast 15 % halten dies sogar für notwendig oder für den späteren Service hilfreich. Lediglich 15 % sind prinzipiell gegen die Kundendatenerfassung. Da Verkaufssteuerungssysteme (vgl. Kapitel 5.2.2.1) via Datenbanken ablaufen, stellen sie echtes Kapital dar und bilden die Basis für eine dauerhafte individuelle Kundenbetreuung, die der entscheidende Wettbewerbsfaktor ist.[128] Für die Datenbankpflege und Datenübermittlung an den Zentralrechner ist der Verkäufer selbst verantwortlich. In gleicher Weise kann sich der Verkäufer aktuelle Produktdaten des Herstellers vom Zentralrechner herunterladen. Werden

[125] Nach der Fa. AMACOM werden 50 MB auf dem Testnotebook (P 166/16 RAM) in 44 Sekunden übertragen. Das IOMEGA ZIP-Drive benötigte vergleichsweise 4.16 min.
[126] O. V.: Interview mit Walter Rössler, in: SCENIC MOBILE, Mobile Computing mit Siemens Nixdorf, 1/1997, S. 7.
[127] Link, J.; Hildebrand V.: Verbreitung und Einsatz des Database Marketing und CAS, 1994, S. 3.
[128] Vgl. Brachat, H.; Schmid, M.; Heinl; G.; Wippermann C.: CarGarantie/AUTOHAUS PKW-Verkäufer-

Kunden in der Zentrale nur dann erfaßt, falls es zum erfolgreichen Abschluß kam, und Interessenten auf der Festplatte des Verkäufer-Notebooks wieder gelöscht, geht ein großes Potential an akquirierungsfähigen Kunden verloren.[129] Außerdem entsteht eine fehlerträchtige Doppelerfassung mit asynchronem Datenbestand im Innen- und Außendienst. Ziel muß es sein, den Kunden systemübergreifend sowohl im Verkaufsdatenbestand als auch im Servicedatenbestand exakt zu identifizieren und aus den verdichteten Daten gezielte Marketingaktivitäten, z. B. mailings, einleiten zu können.

Insbesondere im Verkauf können Kundendatenbanken wie folgt eingesetzt werden:

Besuchsplanung: Kundenanalyse (A-B-C-Analyse), Kundenselektion, Portfolio-Analyse (vgl. 5.2.2.2), Tourenplanung (zur Tourenoptimierung), Terminplanung (inkl. Wiedervorlage).

Gesprächsunterstützung: Informationsbeschaffung, Umsatzanalyse, Besuchsanalyse, Wettbewerbsanalyse usw.

Ergebnisanalyse: Umsatzanalyse, Deckungsbeitragsanalyse, Angebotsanalyse, Auftragsanalyse etc.[130]

5.1.3 Produktselektion/-konfiguration

„Die Kaufentscheidung für ein langlebiges Konsumgut wie ein Automobil ist ein dynamischer Prozeß."[131] Dieser Prozeß dauert durchschnittlich 11 Monate, in denen der potentielle Autokäufer für kaufrelevante Informationen hoch sensibilisiert ist. Wird der Käufer mit den richtigen Marketinginstrumenten zum richtigen Zeitpunkt angesprochen, steigen die Chancen für ein erfolgreiches Verkäufsgespräch.[132] Bereits beim Erstgespräch mit dem Kfz-Verkäufer hat der Kunde eine gewisse Vorstellung bezüglich seines Kaufobjektes (Neufahrzeug oder

---

studie '94, 1994, S. 26 f.
[129] Vgl. Anhang 18: Interview mit VW-Automobilverkäufer Stefan Tanzer, Frage 15.
[130] Vgl. Mülder, W.; Weis, H. C.: Computerintegriertes Marketing, 1996, S. 401. Schimmel-Schloo, M.: Computerunterstützung und neue Techniken für den organisierten Umsatzerfolg, 1994, S. 36 ff.
[131] Diez, W., Brachat, H.; Meffert, H.: Grundlagen der Automobilwirtschaft, 1994, S. 98.
[132] Vgl. ebd., S. 98 ff.

Gebrauchtwagen, Modell etc.), die er sich in dem Beobachtungszeitraum angeeignet hat. Mit dem Notebook kann der Verkäufer die Produktselektion zügig durchführen. Im Verkaufsprogramm (bei Mercedes-Benz das MBKS[133]) wählt er z. B. die C-Klasse von Mercedes-Benz mit dem entsprechenden Typ, z. B. C 180, vor. Das auf der Windows-Oberfläche laufende Verkaufsprogramm zeigt die für das gewünschte Fahrzeug serienmäßige Grundausstattung. Ein zeitraubendes Blättern in Katalogen und Prospekten ist hiermit hinfällig. In der nachfolgenden Produktkonfiguration gestaltet sich der Kunde am Notebook sein Auto selbst. Zusammen mit dem Automobilverkäufer wählt er nach seinen Wünschen eine der verfügbaren Farben, z. B. Silber, und die dazugehörige Lackierung, z. B. Metallic. Im nächsten Schritt präsentiert sich dem Kunden die Palette der Sonderausstattungen, z. B. eine Klimaanlage, ABS, Airbag, eine Mobilfunkautoantenne etc. Das Verkaufsprogramm ist so ausgelegt, daß nur logische und in sich schlüssige Kombinationen möglich sind (Plausibilitätskontrolle). Es kann also nicht vorkommen, daß ein Cabriolet mit Schiebedach verkauft wird. Diese technische und auch die terminliche Baubarkeitsprüfung für das Kundenwunschfahrzeug sorgt bereits vor Ausdruck des Bestellformulars für eine Qualitätsverbesserung im Kundenauftragsprozeß.[134]

5.1.4 Multimediale Produktpräsentation

Von multimedialer Produktpräsentation ist dann zu sprechen, wenn an einem multimedia-fähigen Computer Text-, Graphik-, Bild-, Ton- und Filmwiedergaben möglich sind.[135] Heutzutage bestehen keine technischen Hindernisse, nicht auch aufwendige Multimediaanwendungen auf Notebooks laufen lassen zu können. Deshalb überrascht es nicht, daß bei Mercedes-Benz Pkw-Verkäufer seit 1995 mit multimediafähigen Laptops ausgestattet sind.[136] Notebooks und multimediale Verkaufssoftware erlauben, daß der Kunde erfolgreich emotionalisiert wird. Dies ist besonders unter dem Aspekt wichtig, daß beim Autokauf

---

[133] MBKS steht für Mercedes-Benz-Kundenberatungssystem.
[134] Vgl. o. V. Prompte Bedienung. Effizienter Vertrieb mit Global Ordering, in: AUTOHAUS-FORUM MBVD, 1/2 1998, S. 29.
[135] Vgl. Silberer, G.: Marketing mit Multimedia, Stuttgart, 1995, S. 4 ff.
[136] Vgl. Brachat, H.: A wie aufwärts, Interview mit MBVD Pkw-Vertriebschef Dr. Fahr, in: AUTOHAUS, 1/2 1998, S. 28.

emotionale Kaufgründe den Ausschlag geben, sie aber rational begründbar gemacht werden müssen.[137]

Gibt es technische Fragen bezüglich der Ausstattungseinrichtungen, so unterstützen Filmsequenzen das Beratungsgespräch und zeigen dem Kunden, wie z. B. eine automatische Sitz- und Lehneneinstellung funktioniert. Fragen zu Sicherheitsaspekten, wie z. B. Airbag oder automatische Traktionskontrolle, beantworten eindrucksvoll Bilder und Videoclips.[138] Bild und Text spielen auch dann eine besondere Rolle, wenn das gesprochene Wort von vornherein weniger erfolgversprechend ist, wie z. B. bei der Beratung von ausländischen Interessenten mit begrenztem deutschen Wortschatz. Das auf dem Notebook installierte elektronische Verkäuferhandbuch gibt dem Verkäufer ein multimediales Instrument an die Hand, mit dessen Hilfe er interaktiv und zusammen mit dem Kunden an der optimalen Problemlösung (bezahlbare, bequeme und sichere Mobilität) arbeitet. Insgesamt bringt eine multimediale Verkaufshilfe eine Verbesserung der Verkaufseffizienz.[139]

Beim Einsatz des elektronischen Verkäuferhandbuchs, das von der Firma Gedys Software Consulting GmbH entwickelt wurde,[140] zeigen sich im einzelnen u. a. folgende Vorteile:

- *„Das Programm erzwingt durch seinen klar strukturierten Aufbau ein systematisches Verkaufsgespräch. Man kann durch Zwischenfragen eines Kunden nicht den Faden verlieren, sondern wird immer wieder auf den zuletzt erreichten Punkt zurückgeführt.*

- *Die optische (multimediale) Darstellung aller Varianten unterstützt den Verkäufer, weil er nicht nur auf die verbale Darstellung angewiesen ist, sondern den Kunden sehen läßt, worüber gesprochen wird. (Anm. in Klammern vom Verf.)*

- *Diese Visualisierung auf dem Bildschirm oder Display vermeidet Mißverständnisse, die sich sonst leicht einschleichen können.*

- *Die 'illustrierte Argumentation' unterstützt das Verkaufsgespräch in bisher nicht gekannter Weise.*

---

[137] Vgl. Automobilhandel der Zukunft (MB-Projekt), zitiert aus: Baumann, T. F.: Kundenbeziehungen im Automobilhandel der Zukunft, Dipl.-Arb., 1994, Anlage 7, vgl. Anhang 15.
[138] Vgl. ADP Dealer Services Deutschland AG, http://www.adpag.de/produkte/vap.htm
[139] Vgl. Mülder, W.; Weis, H. C.: Computerintegriertes Marketing, 1996, S. 416.
[140] Vgl. Hünerberg, R.; Heise, G.: Muli-Media und Marketing. Grundlagen und Anwendungen, 1995, S. 301 ff.

- *Durch die Führung am Bildschirm entsteht eine kreative Zusammenarbeit mit dem Kunden, der jeweils wählen kann, welche der angebotenen Möglichkeiten und Varianten ihm gefällt.*

- *Für den Verkäufer ergibt sich daraus die <u>Sicherheit bei der Beratung</u>. Er kann nichts vergessen.* (Hervorh. d. Verf.)

- *Der Preis, der in vielen Fällen eine entscheidende Rolle spielt, kann vom Programm zunächst unterdrückt werden, ist aber jederzeit durch Taste in das Programm einblendbar. Das bietet den Vorteil, daß man entweder das ganze Gespräch von Preisen unbeeinflußt führen kann oder aber bei limitierten Preisvorstellungen jederzeit im Blick hat, wie weit man sich bewegt hat (z. B. Zusatzwünsche bei der Ausstattung).*

- *Da Preise aus der unterlegten Datenbank geholt werden, gibt es keine Fehlerquellen und Preisirrtümer durch den Verkäufer, da jeder Preis immer genau dem auf dem Bildschirm erscheinenden Produkt durch das Programm zugeordnet ist. Die Preise können problemlos aktualisiert werden.*

- *Das Programm gibt dem Verkäufer eine <u>überzeugende Beratungskompetenz</u>, die auch zu einer <u>starken Kundenbindung</u> führt. Der Kunde fühlt sich gleichsam von einem Experten beraten.* (Hervorh. d. Verf.)

- *Dadurch wird die Persönlichkeitswirkung des Verkäufers entschieden verstärkt, und wenn er sich auf der emotionalen Ebene richtig auf seinen Kunden eingestellt hat, wird der Abschluß leicht fallen.*"[141]

Der bei BMW im Einsatz befindliche multimediale Verkäuferarbeitsplatz (VAP)[142] dient der Entlastung des Verkäufers von Kalkulations- und administrativen Arbeiten in der pre- und after-sales-Phase und zur effizienteren Verkaufsgesprächsdurchführung.[143] „In einem vorab durchgeführten Feldversuch wurde festgestellt, daß der Verkauf von Sonderausstattungen durch das System erhöht wird. Darüber hinaus ergeben sich positive Auswirkungen auf den gesamten Verkauf, weil ein solches System mit hohen Erwartungen von BMW-Kunden korreliert und die Kaufentscheidung auf emotionaler Ebene, die bei BMW-Kunden wichtig ist, fördert." [144] BMW plant mit dem „Sales Assistant 2.0" eine erweiterte Version, in der sich Funktionen des „Online-ordering" aufrufen lassen, bei den Händlern einzuführen. Für die

---

[141] Mülder, W.; Weis, H. C.: Computerintegriertes Marketing, 1996, S. 416 ff.
[142] Vgl. Anhang 3.
[143] Vgl. Mülder, W.; Weis, H. C.: Computerintegriertes Marketing, 1996, S. 415.
[144] Leupold, M.; Schlichtkrull, J.: Multimedia im Automobil-Marketing, in: Marketing mit Multimedia, 1995, S. 93.

Händler soll es dann in Zukunft möglich sein, tagesaktuelle Preis- und Produktdaten über das Extranet/Internet zu beziehen.[145]

Bei Merdeces-Benz bewirkte das MBKS im Nutzfahrzeugbereich neben der effizienteren Verkaufsberatung und der Entlastung des Verkäufers von der manuellen Auftragsabwicklung eine Senkung der Vertriebskosten, da der vierteljährliche Druck der Verkaufstaschenbücher eingestellt wurde und dadurch 2,5 Mio. DM pro Jahr gespart werden konnten.[146]

Für Dr. Fahr, Pkw-Vertriebschef der Mercedes-Benz Vertriebsorganisation Deutschland (MBVD), haben multimediale Technologien, trotz aller Vorteile die durch die „Emotionalisierung"[147] und Beratungseffizienzsteigerung ausgehen, „ (...) nur unterstützende und beratende Funktion. Das persönliche Gespräch können - und sollen - sie nicht ersetzen."[148] Dies wird durch eine Umfrage unter den Besuchern der Internationalen Automobil-Ausstellung (IAA) 1997 untermauert. 42,7 % der Befragten gaben nämlich an, „(...) daß die Beratung der Automobilverkäufer mit großem Abstand vor allen anderen Informationsmöglichkeiten die Kaufentscheidung fördert."[149] Auch die Durchführung einer multimedialen Präsentation kann die Probefahrt nicht ersetzen. Eine Verkäuferstudie von CarGarantie und AUTOHAUS hat eindeutig festgestellt, daß die Offerte einer Probefahrt eine höhere Vertragsabschlußfrequenz nach sich zieht.[150]

5.1.5 Angebotskalkulation

Ist das Fahrzeug kundenindividuell konfiguriert und ist der Kunde über die Fahrzeug-ausstattungsmerkmale vollständig aufgeklärt, kalkuliert der Verkäufer am Notebook den

---

[145] Gespräche mit BMW, München, am 18.02.1998 und 27.03.1998 mit Herrn Handschuk.
[146] Vgl. Bunk, B.: Produkte differenzieren - Beratung bündeln, in: absatzwirtschaft, 7/1992, S. 62.
[147] Vgl. Zsf. bei: Leupold, M.; Schlichtkrull, J.: Multimedia im Automobil-Marketing, in: Marketing mit Multimedia, 1995, S. 100.
[148] Brachat, H.: A wie aufwärts, Interview mit MBVD Pkw-Vertriebschef Dr. Fahr, in: AUTOHAUS, 1/2 1998, S. 28. Ähnlich: Denz, W.: Multimedia kann Gespräch nicht ersetzen, in: acquisa, 1/1997, S. 44 ff.
[149] O. V.: Unter Dach und Fach. Neuer Ausbildungsberuf „Automobilkaufmann/-kauffrau", in: autokaufmann, 1. Ausbildungsjahr, Heft 6, Januar 1998, S. 10.
[150] Vgl. Brachat, H.; Schmid, M.; Heinl, G.; Wippermann, C.: CarGarantie/AUTOHAUS PKW-Verkäufer-studie '94, 1994, 58 f.

Angebotspreis und gibt ihn dem Kunden an.[151] Es kann wahlweise der Brutto- (interessant für Privatkunden) oder Nettopreis (relevant für gewerbliche Kunden) dargestellt werden. Rabatte, Skonti etc. und die MWSt lassen sich variieren. „Der professionelle Verkäufer muß die Gesprächsführung für das Produkt übernehmen,"[152] soll nicht das sonst übliche Rabatt/Prozente-Gespräch im Vordergrund stehen.[153] Aus diesem Grund unterstützt das Notebook den Verkäufer in der Kaufsberatung und Angeboterstellung. Ferner ist die Verkäuferprovision ebenfalls (verdeckt) im System integriert.

5.1.6 Finanzierung

Aufgrund der mit dem Autokauf verbundenen hohen Anschaffungskosten spielt Finanzierung/Leasing in der Automobilwirtschaft eine sehr wichtige Rolle. Heute werden in Deutschland bereits drei von vier Neufahrzeugen geleast oder finanziert.[154] Finanzielle Kaufhemmnisse sollen mittels attraktiver Finanzierungsangebote beseitigt werden.[155] In diesem Zusammenhang hat eine Marktstudie der CC-Bank herausgefunden, daß potentielle Gebrauchtwagenkunden großen Wert legen auf ein flexibles, individuell anpaßbares Finanzierungsmodell (93 %).[156] Komplizierte Finanzierungsmodelle können fehlerfrei und schnell am Notebook kalkuliert werden. Das Durchspielen von verschiedenen Finanzierungsvarianten ist problemlos möglich, bis dem Kunden ein passendes Angebot unterbreitet werden kann.

5.1.7 Leasing

Leasing ist die zweite wichtige Art der Finanzdienstleistungen beim Autokauf. Für die Zukunft rechnet man mit einer steigenden Bedeutung des Leasinggeschäfts.[157] Der Leasinganteil im Neuwagengeschäft liegt bei ca. 20 - 25 % und soll auf ca. 40 % anwachsen.[158] In der Praxis

---

[151] Musterangebotskalkulationen von Mercedes-Benz und BMW, vgl. Anhang 9 und 12.
[152] O. V. Geschäftsbericht 1996/97 des ZDK (Zentralverband Deutsches Kfz-Gewerbe), S. 22.
[153] Vgl. ebd., S. 22.
[154] Vgl. o. V.: Finanzierung auf Knopfdruck, in: AUTOHAUS-FORUM MBVD, 1/2 1998, S. 32.
[155] Vgl. Diez, W.: Das Handbuch für das Automobilmarketing, 1997, S. 79.
[156] Vgl. Schoeler, Frank v.: In Raten verkaufen, in: amz - auto motor zubehör, 10/1997, S. 34.
[157] Vgl. ebd., S. 34.
[158] Vgl. Zach, F. C.: Begeisterte Kunden feilschen nicht, 1995, S. 219.

gibt es ähnlich wie bei der Finanzierung verschiedene Leasingmodelle, die am Notebook durchgespielt werden können.[159]

5.1.8 Versicherung

Zu den produktpolitischen Nebenleistungen eines Autohauses gehört das Versicherungs-geschäft. Dieses lukrative Zusatzgeschäft ist in der Vergangenheit durch sich ständig ändernde Tarifsysteme auch für versierte Versicherungskaufleute zunehmend komplizierter geworden.[160] Gerade im Versicherungsgeschäft ist das Verkaufsgespräch ohne Computerhilfe nicht mehr denkbar. Dies beweist der große Anteil an Notebooks bei Vertretern in dieser Branche.[161]

Ein Versicherungsprogramm, das meist außerhalb der Beratungssoftware läuft,[162] bietet ein reichhaltiges Versicherungsangebot rund um das Automobil: Der Kunde kann dann aus Kfz-Haftpflicht, Voll-/Teilkasko, Insassen-Unfallschutz, Verkehrs-Rechtsschutz einen nach seinen Bedürfnissen angepaßten Versicherungsschutz zusammenstellen.

5.1.9 Kfz-Steuer

Seit der Fahrzeugsteuerumstellung vom 01. Juli 1997 ist die Kfz-Steuer ein bedeutendes Verkaufsargument geworden. Maßgebend für die Höhe dieser Steuer ist neben der Motorbauart (Ottomotor oder Diesel) die Zugehörigkeit zur Euro-Norm, die sich nach dem Ausmaß der Schadstoffemission richtet. Händler können dem ratsuchenden Kunden insofern weiterhelfen, indem sie Beispielrechnungen am Notebook für die Kat-Nachrüstung oder günstige Finanzierungsangebote für den Neu- oder Gebrauchtkauf durchführen.[163] In der Praxis geschieht dies z. B. bei VW mit dem Verkaufsprogramm VDIS (Volkswagen AUDI

---

[159] Ein Musterleasingangebot befindet sich im Anhang 9 und 12.

[160] Vgl. Kaiser, A.: Viel Mühe für wenig Ertrag, in: kfz-betrieb, 5/1996, S. 22 f.

[161] Vgl. Link, J.; Hildebrand V.: Mit IT näher zum Kunden, in: HARVARD BUSINESS manager, 3/1995, S. 36. Link, J.; Hildebrand V.: Verbreitung und Einsatz des Database Marketing und CAS, 1994, S. 120.

[162] Weit verbreitet im Kfz-Gewerbe ist die GARANTA Versicherung. Vgl. Kaiser, A.: Viel Mühe für wenig Ertrag, in: kfz-betrieb, 5/1996, S. 22 f.

[163] Vgl. Externbrink, H.: Am Schlüssel hängt es - zum Verkaufen drängt es. Die neue Kfz-Steuer als Verkaufs-argument - Wichtig ist die Schlüsselnummer, in: kfz-betrieb, 7/1997, S. 50-51.

Diskettensystem).[164] Durch die Zusatzleistung des Autohauses wird der Kunde umfassender und zu seinem finanziellen Vorteil beraten,[165] was sich auf seine Einschätzung der Verkäuferkompetenz und letztlich auf seine Kaufbereitschaft positiv auswirkt.

5.1.10 Angebotserstellung und Ausdruck

Alle Angebote - seien es Fahrzeug-, Finanzierung-, Leasing- oder Versicherungsangebote - werden per EDV unterschriftsreif erstellt. Aber auch die internen Formulare, wie z. B. Bestellungen und Auftragsbestätigungen, lassen sich problemlos ausdrucken. Damit entfallen sämtliche Vordrucke, ja sogar die Geschäftsbedingungen, die ein Verkäufer mit sich führen und dem Kunden aushändigen müßte. Ist der mobile Kfz-Verkäufer für seinen Außendienst mit einer Kofferlösung[166] ausgestattet, ist es für ihn ein leichtes, professionelle Angebote vor Ort beim Kunden auszudrucken und auszuhändigen.[167] Unseriöse Handzettel und handschriftliche Korrekturen scheiden aus. Abbildung 16 zeigt eine Kofferlösung für mobile Kundenberater:

Abb. 16: Kofferlösung
Quelle: CONSEL Kofferlösungen GmbH

---

[164] Interview mit VW-Verkäufer Stefan Tanzer vom 21.01.1998, vgl. Anhang 18.
[165] Vgl. Geffroy E. K.; Schroeder, M.: Verkaufserfolge auf Abruf in der Automobilbranche, 1994, S. 33.
[166] Mobil-PC, mobiler Drucker, Handy und sonstiges Zubehör sind in einem Koffer transportier- und einsetzbar.

5.1.11 Gebrauchtwagenbewertung

Oft kommt es in der Praxis vor, daß ein Autokäufer seinen Altwagen an den Händler abgibt und sich im Gegenzug ein neues Fahrzeug anschafft. Dieses Zug-um-Zug-Geschäft erfordert vom Verkäufer eine Gebrauchtwagenbewertung des in Zahlung gegebenen Fahrzeuges. Eine fabrikatsübergreifende Gebrauchtfahrzeug-Wertermittlung ermöglicht z. B. die SilverDAT II von DAT (Deutsche Automobil Treuhand GmbH).[168] Dieses Informationssystem läuft problemlos auf einem Notebook und bietet folgende Funktionen:

• Bewertungssystem mit integrierter Instandsetzungsliste für sämtliche PKW's, Zweiräder, Geländewagen, Transporter und LKW's.
• Berücksichtigung aller wertbeeinflussenden Faktoren, wie z. B. Kilometerstand, Erstzulassungsdatum, Sonderausstattungsmerkmale, sowie individueller Fahrzeugangaben: Allgemeinzustand, Reifen, Unfallvorschäden, Anzahl der Fahrzeughalter.
• Restwertprognose (besonders für Leasinggeber, Banken und Finanzierungsgesellschaften bedeutend).[169]

Mit der Integration von weiteren nützlichen Hilfsprogrammen (Kundendatenbanken, Controlling-Funktionen) und der Installation auf einem Notebook entsteht ein mobiler Verkäufer-Arbeitsplatz. Dieser wird von DAT auf der Leipziger Messe „Auto Mobil International" im April 1998 präsentiert.[170]

5.1.12 Wettbewerbsinformationen

In Verkaufsverhandlungen kommt es mitunter vor, daß sich Kunden auf Wettbewerber beziehen. Damit der Verkäufer gezielt für sein Produkt argumentieren kann, werden technische Wettbewerberdaten per EDV gespeichert. Diese stehen dem Verkäufer auch im Außendienst in

[167] Schriftliches Musterangebot, vgl. Anhang 12.
[168] Gebrauchtfahrzeugbewertung, vgl. Anhang 8.
[169] Vgl. o. V.: Multimediale Informationen für die europäische Automobilwirtschaft, Broschüre der DAT sowie Informationen der Marketingabteilung DAT, Stuttgart, S. 6 ff.
[170] Marketingabt. DAT, Stuttgart.

seinem Notebook beim Kunden zur Gegenargumentation zur Verfügung.[171] Damit ist er nicht auf schriftliches und potentiell veraltetes Datenmaterial angewiesen. Einreden des Kunden lassen sich mit dem Laptop leichter entkräften als in einer aufwendigen und kräftezerrenden technischen Detaildiskussion aus dem Gedächtnis des Verkäufers heraus. Für Preisdiskussionen durch Wettbewerbsvergleiche empfehlen Edgar K. Geffroy und Manfred Schroeder, den eigenen Preis in Teilbeträge zu zerlegen und ihn in Rechenbeispielen zu relativieren.[172] Solche Rechenmodelle könnten zudem grafisch am Notebook visualisiert werden.

5.1.13 Kommunikationsmöglichkeiten

Erst mit dem Einsatz der Kommunikationsmöglichkeiten (z. B. Datentransfer, E-Mail, Fax) mit dem Notebook werden die vollen Nutzenpotentiale des Mobile Computing im Verkauf ausgeschöpft. Im Kfz-Handel wird von dieser Möglichkeit der Effizienzsteigerung in der Verkaufsabwicklung leider noch zu wenig Gebrauch gemacht.

5.1.13.1 Download von Programm-updates

Bei der MAHAG (Münchener Automobilhandel Haberl KG) nutzt der Verkäufer das Notebook in Verbindung mit einem Modem zum Herunterladen („download") von Programm-updates vom Zentralrechner. Der Diskettenversand ist zwar immer noch üblich,[173] doch ist das „Downloaden" vom Zentralrechner die schnellere und kostengünstigere Alternative.

5.1.13.2 Finanzierungs- und Leasinganfragen

Besonders schnell muß es bei Finanzierungs- und Leasinganfragen bei der eigenen Hausbank (z B. VW Bank) gehen. Neben der noch üblichen Faxübermittlung erfolgt die Bonitätsanfrage auch mittels Notebook und Modem,[174] die noch am gleichen Tag von der Zentrale

---

[171] Gespräch mit MB-Kfz-Verkäufer Herrn Wittmann vom 05.02.1998.
[172] Vgl. Geffroy E. K.; Schroeder, M.: Verkaufserfolge auf Abruf in der Automobilbranche, 1994, S. 48.
[173] Interview mit VW-Verkäufer Stefan Tanzer vom 21.01.1998, vgl. Anhang 18.
[174] Ebd., vgl. Anhang 18.

beantwortet wird. Diese schnelle Erledigung der Anfragen wirkt sich positiv auf die Kundenzufriedenheit aus.

5.2 Zusätzliche Möglichkeiten mobiler PC's im Kfz-Handel

5.2.1 Nutzung moderner Kommunikationswege

Notebooks erlauben moderne Kommunikationsmöglichkeiten. Unter bestimmten Voraussetzungen verwandeln sich Notebooks in kommunikative Tools, die Fax-, Datei-Download-, Internetzugangs-, Telefon- und sogar Anrufbeantworterfunktionen wahrnehmen können. Notwendig hierfür ist eine geeignete Software, ein Handy und ein Modem. Völlige Freiheit und höchste Flexibilität erlaubt die Kombination von Notebook, GSM-Modemkarte und Handy. Der mobile Verkäufer ist dadurch völlig unabhängig von einer Steckdose und kann sozusagen „on the road" kommunizieren.[175]

5.2.1.1 Kommunikation mit dem Kunden

Ist der Kfz-Verkäufer nicht in seinem Verkaufsbüro und wird er über Mobilfunk kontaktiert, so ist es für ihn kein Problem, Anfragen während seines Außendienstes kompetent zu beantworten. Er klappt dazu sein Notebook auf, erstellt das Angebot nach den Wünschen des Kunden und übermittelt es dem Kunden per Fax. Beispielsweise bietet Windows 95 mit dem Microsoft Exchange die Möglichkeit, Faxe zu senden und zu empfangen.[176] Mit zunehmender Verbreitung und IT-Durchdringung wird die Korrespondenz per E-mail keine Seltenheit mehr darstellen. Mit dem Notebook wird man in naher Zukunft dem Kunden z. B. ein Angebot mit multimedialer Anlage übermitteln können. Entstanden am Telefon beispielsweise Unklarheiten bezüglich der Farbe, so übersendet man dem Kunden das Fahrzeugangebot mit Farbmuster in binärer Form.

[175] Vgl. Winkler, O.: Online ohne Leitung. Mobile Kommunikation, in: NOTEBOOK & Organizer, 3/1998, S. 48 und 54 f. Tischer, M.: Jeder fängt klein an - Das große 1 x 1 in Sachen Notebook-Technik, 1997, S. 156.
[176] Vgl. Winkler, O.: Online ohne Leitung. Mobile Communication, in: NOTEBOOK & Organizer, 3/1998,

5.2.1.2 Kommunikation mit dem Innendienst

Notebooks können, da sie vollwertige PC's sind, ohne weiteres in die bestehende IT-Landschaft und das Firmennetzwerk integriert werden. Notebooks im Netzwerk können genauso gemeinsame Datenbestände (⇒ File-Server/Datenbank-Server) oder gemeinsame Hardware benutzen (⇒ Drucker) und außerdem als Netzteilnehmer untereinander kommunizieren (⇒ E-Mail, Chat, Telefon).[177] Für das Autohaus ist denkbar, daß der mobile Kfz-Verkäufer mit mobilem Hostzugriff Zugang zu dem aktuellen Fahrzeugbestand hat. Listenausdrucke und zeitraubendes Suchen gehören dann der Vergangenheit an. Unter Umständen kann es passieren, daß der Kunde für ein Fahrzeug erfolgreich emotionalisiert wurde, es aber vom Verkaufskollegen der gleichen Niederlassung bereits verkauft worden ist. Im Außendienst hat der Verkäufer dank Notebook die Möglichkeit, ein Fahrzeug im Bestand reservieren zu lassen und Bedarfkollisionen von vorneherein auszuschalten. Notebooks erlauben auch, daß die Verkäufer untereinander außerhalb des Netzwerkes kommunizieren können. Dies wäre denkbar, wenn Verkäufer sich auf Außendienst, Schulung, Messen etc. befinden.

5.2.1.3 Kommunikation mit dem Hersteller

Im Informationszeitalter spielt der Wettbewerbsfaktor Zeit eine entscheidende Rolle. Vernetzte Händler, Niederlassungen und Hersteller ermöglichen einen schnellen Informationsfluß und entsprechend eine umgehende Reaktion auf veränderte Marktbedingungen. Diese Vernetzung kann auch auf Internet/Intranet-Basis vollzogen werden, die ebenfalls einen mobilen Hostzugriff erlaubt.[178] Ist es nicht denkbar, daß der Verkäufer mit weniger IT-vertrauten Kunden die faszinierenden Webseiten des Herstellers entdeckt und den Kunden mit einem virtuellen Erlebnisspaziergang beeindruckt?

Oft muß der Kunde mit langen Lieferzeiten seines Wunschautos rechnen. Der erwartungsvolle Kunde fragt beim Verkäufer mehrmals nach, wann mit der Auslieferung gerechnet werden

S. 54.
[177] Vgl. Tischer, M.: Jeder fängt klein an - Das große 1 x 1 in Sachen Notebook-Technik, 1997, S. 164 ff.
[178] Vgl. Grieb, P.: Allzeit bereit: mobiler Hostzugriff, in: online, 1/1997, S. 54.

kann. Ein kurzer Blick in die Intranetseite des Herstellers sagt diesem tagesgenau und verläßlich, wann mit der Übergabe zu rechnen ist.

5.2.2 Vertriebssteuerung

„Viele Verkäufer ersticken heute im Tagesgeschäft in einer Papierflut. Neben den Produktinfos gilt es bei jedem Verkaufsgeschäft 'hunderte' von Formularen, angefangen von Leasing-, Finanzierungs-, Versicherungsangeboten bis zum Beibringen der Zulassungsunterlagen zu bewältigen. Dabei gehen die wirklich kundenrelevanten Daten häufig 'verloren'."[179] Nicht wenige Verkäufer vertrauen nach wie vor auf die „(...) Hosenbuchhaltung und 'viel Gefühl im Bauch' (...)."[180] Mit einem Notebook und etwas geübtem Umgang mit der Software (z. B. für Lotus Notes, MS Schedule) lassen sich das Kontakt- und Terminmanagement effizienter durchführen.

5.2.2.1 Verkaufs-Management-Programm

Die AHM/HM-Team-Projektgruppe hat herausgefunden, daß Kfz-Verkäufer und Disponent 2,5 - 3 Stunden pro Tag die doppelte Arbeit leisten. Dies soll folgendes Szenario untermauern:

„Kunde fragt bei seinem Verkäufer nach dem Liefertermin seines bestellten Neuwagens. Mit einem Achselzucken verbindet der Verkäufer an seinen Kollegen von der Disposition. Dieser gibt völlig entnervt - das fünfte Telefongespräch in Folge; die Rechnung für einen anderen Kunden, der in zehn Minuten seinen Auslieferungstermin hat, ist immer noch nicht da - dem Kunden mißmutig und doch gleichzeitig mit schlechtem Gewissen Auskunft über die erneute Verschiebung des Liefertermins."[181]

Als Folge dieses Szenarios sind: a) ein frustrierter Kunde, b) ein entnervter Disponent und c) ein unwissender Kfz-Verkäufer als Beziehungsmanager (⇒ relationship marketing). Auf der anderen Seite könnte ein Notebook am Arbeitsplatz stehen, das ihm per Knopfdruck die Auskunft ermöglicht hätte.[182] Für Reinhard Lindner, Chef der Unternehmensberatung AHM,

---

[179] Friedel-Beitz, A.: Ab mit alten Zöpfen im Verkauf. Verkaufssteuerung, in: kfz-betrieb, 9/1997, S. 138.
[180] Ebd., S. 138.
[181] Ebd., S. 138.
[182] Vgl. ebd., S. 138.

Marktredwitz, ist es „(...)" unglaublich, welche Fehlerquellen im Prozeß zwischen Vertragsgestaltung, Fahrzeugbestellung und dinglicher Auslieferung des Neuwagens stecken."[183] Deshalb hat die Projektgruppe „Verkaufssteuerung" ein Verkaufs-Management-Programm (VMP) entwickelt, das den Bereich Verkaufsadministration aus der Disposition herausgelöst hat. Die für das System geschulten Verkäufer betreuen jetzt eigenverantwortlich den kompletten Verkaufsprozeß, ohne daß für den Verkäufer der Arbeitsaufwand höher geworden wäre. Als weitere Vorteile konnten festgestellt werden, daß die Kundenbindung und -betreuungsqualität gestiegen sind und die freigewordenen Personalkapazitäten dem Verkauf zugeführt werden konnten. Insgesamt erhöhte sich die Verkaufsleistung des Autohauses. Neben der Produktivitätssteigerung der Verkäufer ließ sich eine höhere Mitarbeiterzufriedenheit feststellen.[184] Mit dem VMP kann der Gedanken des Kfz-Verkäufers als „Intrapreneur"[185] verwirklicht werden. Der Systemeinsatz ist variabel gestaltbar: als Inhouse-Anwendung auf dem stationären PC, als flexible Nutzung über ein Notebook oder bis hin zur externen Datenerfassung und -pflege (Diktiergerät).

Im folgenden auszugsweise interessante Features aus dem Verkaufs-Management-Programm:

* Unterstützung des Außendienstes
* Unterstützung der Neukunden-Akquise
* Tägliche Terminvorgabe für Verkaufsberater (VB) mit konkreter Terminplanung und Wochenübersicht
* Vom VB verschobene Kontakttermine
* Beschwerde-Management (sowohl im Service-, Teile- oder Fahrzeugverkauf)
* Steuerung und Planung der Verkaufsauslieferung
* Prämienprüf- und Plausibilitätsprogramm
* Analyse-Tool (z. B. Werbewirkung, optimale Kontaktintensität u. a.)
* Controlling-Tool für Vertriebs- und Geschäftsleitung bezüglich der gesamten Verkäuferaktivitäten.[186]

---

[183] Ebd., S. 140.
[184] Vgl. ebd., S. 140.
[185] Ein eigenverantwortlich und unternehmerisch handelnder Mitarbeiter im Unternehmen. Wortneubildung aus dem Wort Entrepreneur, die von Gifford Pinchot mit seinem Buch „Intrapreneuring" geprägt wurde.

5.2.2.2 Portfolio-Analyse

In der strategischen Planung hat sich die Portfolio-Technik bewährt. Sie kann im Kfz-Handel auch auf die operative Vertriebssteuerung angewandt werden.[187] Eine Portfolio-Analyse erlaubt eine Betrachtung des Kunden bezüglich zweier Merkmale - im Gegensatz zur veralteten Kundensegmentierung nach einem Merkmal (z. B. nach Umsätzen). Die Portfolio-Technik kann auf eine Landkarte projiziert werden, die dem Automobilverkäufer eine kleinräumige Marktanalyse in den Bereichen Autohandel, Zubehör und Wartung ermöglicht. Die Portfolio-Software „AutoView"[188] visualisiert den Marktanteil rund um den Verkaufsort samt angrenzender eigenfabrikatlicher Konkurrenz auf einer Landkarte. Der Verkäufer kann auf seinem Notebook Marktübersichten erstellen, z. B. für das Modell Alfa Romeo, dessen Marktanteil bundesweit bei 0.033 % liegt. Höhere oder niedrigere Marktanteile in den benachbarten Verkaufsbezirken werden in verschiedenen Farbtönen angezeigt. Der Verkäufer erkennt aus der geographischen Marktanalyse, ob das Modell an seinem Verkaufsort, verglichen mit den angrenzenden Händlerkreisen, über- oder unterdurchschnittlich verkauft wird. Inputdaten für das Portfolio sind: nach Postleitzahlen differenzierte Zulassungsdaten von 58 Herstellern und 378 Modellen, 25.000 Händleradressen und die Kaufkraftdaten der Absatzgebiete.[189]

5.2.2.3 Global Ordering/Online Ordering/Euro-Elan

Bei Mercedes-Benz sollen sämtliche Kernprozesse im Vertrieb unter dem Schlagwort „Global Ordering" (GO) effizienter gestaltet werden. Dies soll u. a. durch ein neuartiges Platzbuchungsverfahren erreicht werden, das es ermöglicht, den Kundenauftrag bereits bei seiner Erfassung auf einen festen Produktionsplatz zu buchen.[190] „Voll integriert in den Kundenauftragsprozeß ist der Verkäuferlaptop Pkw, das Instrument für eine umfassende und effiziente Kundenberatung durch den Verkäufer. Mit dem Verkäuferlaptop Pkw wird es dem

---

[186] Vgl. ebd., S. 140.
[187] Vgl. Winkelmann, P.: Mit Kundenportfolios schneller zu den wichtigen Kunden, in: acquisa, 7/1997, S. 58.
[188] Vgl. Anhang 5.
[189] Vgl. ebd., S. 62.
[190] Vgl. o. V.: Prompte Bedienung. Effizienter Vertrieb mit Global Ordering, in: AUTOHAUS-FORUM MBVD, 1/2 1998, S. 29.

Verkäufer ermöglicht, die Kundenauftragsdaten, die sich im Rahmen der Kundenberatung in der Angebots- und Bestellphase ergeben, vollautomatisch und schnell in den Kunden- auftragsprozeß zu übertragen."[191] (Hervorh. d. Verf.)

Bei BMW läuft die vertriebliche Prozeßoptimierung unter dem Schlagwort „Online Ordering" (vgl. Kapitel 5.1.4).

Wolfgang Bußmann erwähnt in seinem Buch „Lean Selling", daß bei VW in Zukunft jeder der vielen tausend VW-Verkäufer in Europa einen Computer erhalten wird, „(...) *mit dem er gemeinsam mit dem Kunden das Auto individuell zusammenstellen kann, von der Farbe bis zum Schiebedach. Der Computer zeigt das aber nicht nur sofort in einem farbigen Bild, sondern gibt gleichzeitig an, ob das Auto bereits produziert ist oder alle benötigten Teile für die Produktion auf Lager liegen, bereits bestellt sind, wann sie geliefert werden, wann das Auto gebaut werden kann. Verkäufer und Kunde können sofort sehen, wieviel schneller der Wagen geliefert wird, wenn man z. B. auf das Schiebedach verzichtet oder ein anderes Radio auswählt. Dadurch werden ganze Heerscharen von Disponenten entfallen und bis vier Tage vor Produktion können durch den Verkäufer einzelne Spezifikationen geändert werden. Der Name dieses Systems ist Euro-Elan.* "[192] (Hervorh. d. Verf.)

Das Projekt „Euro-Elan" wurde jedoch verworfen und nicht in die Praxis umgesetzt. Man befaßt sich aber mit einem vergleichbaren Projekt.[193]

Unabhängig davon konnte die Fa. CONSEL Kofferlösungen GmbH, Langgöns-Dornholz- hausen, **VW** erfolgreich mit ca. 3.000 Notebook-case-solutions (inkl. FUJITSU-Notebooks) ausstatten.[194]

---

[191] Ebd., S. 29.
[192] Bußmann, W. F.: Lean Selling, 1995, S. 144.
[193] Gespräch vom 02.04.1998 mit Herrn Holzer, MAHAG Starnberg.
[194] Gespräch vom 25.03.1998 mit Herrn Harfst, Geschäftsführer von CONSEL, auf der CeBit '98.

6 Weitere Einsatzmöglichkeiten mobiler PC's im Kfz-Gewerbe

Nachdem die Einsatzmöglichkeiten mobiler PC's im Kfz-Handel erörtert worden sind, werden nun die Perspektiven für das Kfz-Gewerbe im allgemeinen betrachtet.

6.1 Gesteigerte Attraktivität als Desktop-Substitution

Nachdem Notebooks in puncto Rechenleistung und Festplattenkapazität den Desktop-PC's nahezu in nichts nachstehen, eignen sie sich nicht nur als mobile Ergänzung. Finden sie als stationäre Lösung Einsatz, muß der Anwender sich nicht mit einem kleinen Bildschirm, einer mit dem Gehäuse fest verbundenen Tastatur oder einem gewöhnungsbedürftigen Mausersatz (Touchpad, Trackpoint etc.) zufriedengeben. Absolute High-End-Notebooks haben bereits 14-Zoll-Bildschirme und eine abnehmbare und infrarotgesteuerte Tastatur und bieten höchste Mobilität bei gleichzeitiger Desktop-Funktionalität.[195]

Außerdem lassen sich Notebooks an eine sog. „Docking-Station" andocken. Eine Docking-Unit „(...) vereint alle Erweiterungsmöglichkeiten eines modernen Desktop-PC mit den Vorzügen mobiler Computertechnik."[196] Die Vorteile für den Anwender liegen auf der Hand: Der Benutzer hat seine gewohnte Peripherie und erweitert das Notebook in seiner Funktionalität. Außerdem entfällt das lästige Hantieren an den Notebook-Schnittstellen für Maus, Tastatur, Bildschirm, Drucker, Netzteil und evtl. Modem.[197] Der Anwender kann zwischen zwei Docking-Optionen wählen: Entscheidet er sich für die billigere Lösung, den sog. Port-Replikator, entfällt für den Notebook-User das zeitraubende Anstecken der Kabel. Dadurch werden die Schnittstellen am Notebook geschont. Im Test des für Mobile Computing führenden Magazins „PC Mobil" schneiden sämtliche getestete Portreplikatoren gut ab.[198] Wählt der Anwender die Komplettlösung mit der Docking-Station, so kann er sein Notebook

---

[195] Z. B. das SCENIC MOBILE 800 von Siemens Nixdorf, vgl. o. V.: SCENIC MOBILE, Mobile Computing mit Siemens Nixdorf, 1/1998.

[196] O. V.: Die bessere Alternative, in: SCENIC MOBILE, Mobile Computing mit Siemens Nixdorf, 2/1997, S. 10.

[197] Vgl. Tischer, M.: Jeder fängt klein an - Das große 1 x 1 in Sachen Notebook-Technik, 1997, S. 161 ff.

[198] Vgl. Winkler, M.: Hand in Hand, in: PC Mobil, 10/1997, S. 22 ff.

dank Steckplatzerweiterungskarten und Einschubschächten (Akkuladefach, CD-ROM etc.) in seiner Funktionalität erweitern.

Die folgende Abbildung zeigt ein angedocktes Notebook:

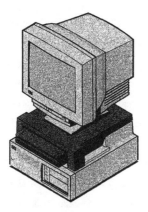

Abb. 17: Notebook mit Docking-Station
Quelle: Siemens Nixdorf

Folgende Vorteile sprechen für eine Lösung mit Docking-Station:

• Schnellere Datenübertragung als über ein serielles/paralleles Kabel

• Zeitweise Nutzung von nicht mobilen Peripheriegeräten (z. B. Streamer, CD-ROM-Brenner, Scanner)

• Flexibler Einsatz (u. a. Hot Docking[199])

• Platzsparendes System (vgl. Abb. 17)

• Kostenersparnis gegenüber PC plus Desktop[200]

Nach Kevin A. Clark, Marketing Direktor bei IBM, ist „(...) das Docken eines Notebook Computers nicht so teuer wie zwei separate Systeme."[201] Deshalb ist es auch für Autohäuser

---

[199] Das Notebook kann in eingeschaltetem Zustand in die Docking-Unit eingeführt bzw. ausgeführt werden. Vgl. o. V.: Die bessere Alternative, in: SCENIC MOBILE, Mobile Computing mit Siemens Nixdorf, 2/1997, S. 10.
[200] Vgl. Jungbluth, T.: Notebooks richtig einsetzen, 1996, S. 83.

zu erwägen, ob nicht ein Teil der PC-Arbeitsplätze (z. B. Management, Verkaufsleiter etc.) mit einer Kombination aus Notebook und Docking-Station ausgestattet werden.

6.2 Kfz-Diagnosesysteme

Immer komplexere und aufwendigere Elektroniksysteme werden in die Fahrzeuge gepackt. Vorbei sind die Zeiten der überschaubaren Elektrik. „Heute ist die Elektronik in Komfort-, Sicherheits- und Steuerkomponenten am Fahrzeug nicht mehr wegzudenken."[202] Im gleichen Maße steigen auch die Anforderungen an die Test- und Diagnosesysteme, da der Kunde, wenn bei seinem Wagen ein Fehler auftritt und er ihn in die Werkstatt bringen muß, verlangt, daß der Fehler schnell und zuverlässig gefunden und sofort behoben wird. Ein Werkstattaufenthalt muß zur endgültigen Fehlerbeseitigung genügen. Der Trend in der Diagnosetechnik geht zum mobilen Kleintester, der PC-fähig und ausbaubar ist.[203] Für Hans-Joachim Laube, ASA-Präsident und SUN-Geschäftsführer „(...) ist ein modernes Hand-held-Testgerät für die On-Board-Diagnose (OBD) prädestiniert. (...) Anstelle mehrerer Einzelgeräte (im Werkstattbereich) sind vor allem auch modular aufgebaute Diagnosetester auf einer geeigneten Plattform in einem einzigen System zu vereinigen."[204] (Anm. in Klammern vom Verf.)

Bei Mercedes Benz heißt das leistungsfähige Diagnosesystem „Star Diagnose". Kernstück des Test- und Prüfgerätes ist ein High-End-Notebook und ein Meßtechnik-Modul. Auf dem Notebook können abgespeicherte Fehlermeldungen gelesen und Störungsursachen anhand integrierter Diagnosebäume sicher identifiziert und beseitigt werden. Das Gerät ist für den Service-Techniker einfach zu bedienen, da alle erforderlichen Informationen in Wort und Bild, z. B. Lageskizzen, auf dem Bildschirm angezeigt werden. Das Star-Diagnose-System kann sehr

---

[201] Hinnenberg, R.: Wettbewerbsvorteil durch Notebooks, Interview mit Kevin A. Clark, IBM, in: PC Mobil, 1/1998, S. 18.
[202] O. V.: Diagnose an elektronischen Komponenten. Erst effektiv mit Expertensystem, in: KRAFTHAND, 23/1997, S. 18.
[203] Vgl. Woisetschläger, E.: Trends in der Diagnosetechnik. PC-fähig - aufrüstbar - mobil - mit Standardschnittstelle, in: kfz-betrieb, 10/1997, S. 34.
[204] O. V.: Quo vadis Diagnosetechnik. Interview mit Hans-Joachim Laube, ASA-Präsident und SUN-Geschäftsführer, in: kfz-betrieb, 10/1997, S. 35.

flexibel eingesetzt werden: entweder in einem mit Laserdrucker, CD-Wechsler etc. ausgestattetem Rollboy oder als Kofferlösung für die Diagnose bei einer Probefahrt.[205]

6.3 Mobile Kundenannahme

Für den Werkstattbereich ist geplant, Kombi-PKW's mit Notebooks auszustatten, um sie als mobiles Kundenannahmesystem einzusetzen. Diese Serviceleistung ist äußerst kundenorientiert und eignet sich für Fälle, bei denen keine komplette Werkstattausrüstung (mit Hebebühne) benötigt wird. Viele Kunden scheuen den zeitaufwendigen Gang zur Servicewerkstatt und würden u. U. einen Aufpreis für einen mobilen Service in Kauf nehmen, um selbst individuell Ort und Zeit für Inspektion und Kundendienst zu bestimmen. Der Servicemechaniker ist hierfür mit einem Notebook ausgestattet, das mit dem Host-Rechner verbunden ist, und kann vor Ort die Verfügbarkeit von Teilen und Termine abfragen. Bestimmte Reparaturen könnten „on board" des Servicewagens durchgeführt werden.

Für das Autohaus bedeutet es einen weiteren Vorteil, daß sich durch die mobile Kundenannahme das Servicegebiet bedeutend vergrößert und die Serviceabteilung einen schnelleren Überblick über Probleme am Fahrzeug im gesamten Einzugsgebiet gewinnt.[206]

In der Praxis befassen sich Mercedes-Benz[207] und VW[208] mit den Gedanken der mobilen Kundenannahme.

6.4 Computer-Based-Training (CBT)

Die ständigen technischen Änderungen im Kfz-Gewerbe verlangen von den Mitarbeitern des Autohauses ein permanentes berufliches Lernen. Dies gilt sowohl für den Werkstatt- als auch für den Verkaufsbereich. Autohausmitarbeiter werden oft auch vom Hersteller geschult und

---

[205] Vgl. o. V.: Markenkenner. Die Diagnosegeräte der deutschen Automobilhersteller, in: AUTOHAUS, 1/2 1998, 56 f. o. V.: Ein Koffer für die Zukunft. Star Diagnose von Mercedes Benz, in: AUTOHAUS-FORUM MBVD, 1/2 1998, S. 73 f.
[206] Vgl. Diehl, N.; Held, A.: Mobile Computing. Systeme, Kommunikation, Anwendungen, 1994, S. 69 f. Baumann, T. F.: Kundenbeziehungen im Automobilhandel der Zukunft, Dipl.-Arb., 1994, S. 38.
[207] Telefongespräch vom 25.02.1998 mit Herrn Held, Daimler-Benz, Ulm.

erhalten die Schulungsunterlagen vorab in schriftlicher Form zugeschickt. Es ist denkbar, den Außendienstmitarbeitern diese Weiterbildungsunterlagen in Form einer CD-ROM zukommen zu lassen. Der Verkäufer kann dann an seinem Notebook diese Unterlagen installieren und sich vorab interaktiv in die Schulungsmaterie einarbeiten. Es ist wissenschaftlich erwiesen, daß das Gelernte bei einer Kombination von Hören, Sehen, Sprechen und Handeln zu fast 90 % gespeichert bleibt.[209] Nur gelesene Informationen hingegen bleiben nur bis zu 10 % im Gedächtnis haften.[210] Bei VW soll zur Erzeugung eines Wir-Gefühles auf multimedialem Wege die Firmenphilosophie den Mitarbeitern nähergebracht werden.[211] Aber auch „trockene" Produktinformationen und technische Erläuterungen könnten sehr wirkungsvoll, da audiovisuell, vermittelt werden.[212] Für den Werkstattbereich stellt sich DAT (Deutsche Automobil Treuhand GmbH) einen CBT-Einsatz im Bereich der multimedialen Schadensabwicklung vor.[213] Die Kosten für die CD-ROM sind relativ gering und der Versand unkompliziert. Kleinere Dateien könnten aber auch vom Firmenserver heruntergeladen werden.

7 Alternativen bzw. Ergänzung zum mobilen PC

7.1 Subnotebook

Kfz-Verkäufer, denen ein 3-kg-Notebook zu schwer und zu unhandlich erscheint, könnten sich für ein Subnotebook als Alternative entscheiden. Der große Vorteil gegenüber den ebenfalls sehr handlichen Windows-CE-Hand-held-Geräten besteht darin, daß Windows 95 in der vertrauten und vollwertigen PC-Version genutzt werden kann. Bekanntestes Beispiel für ein Subnotebook ist der „Libretto"[214] von TOSHIBA (siehe Abb. 18).

---

[208] Gespräch vom 29.01.1998 mit Herrn Holzer, MAHAG Starnberg.

[209] Vgl. Leupold, M.; Schlichtkrull, J.: Multimedia im Automobil-Marketing, in: Marketing mit Multimedia, 1995, S. 99.

[210] Vgl. Grabowski, S.: Multimediale Seminargestaltung, 1995, S. 25.

[211] Vgl. ebd. S. 140.

[212] Vgl. Leupold, M.; Schlichtkrull, J.: Multimedia im Automobil-Marketing, in: Marketing mit Multimedia, 1995, S. 100.

[213] Vgl. Nietzschmann, J. [DAT (Deutsche Automobil Treuhand GmbH)], Zsf. Vortrag: Virtuelle Schadensbegutachtung - Eine neue Ausbildungsmöglichkeit bei der Kalkulation von Kfz-Schäden, am 28.11.1997 auf dem 3. IT-Trainings-Kongress in Bonn.

[214] Für technische Ausstattungsmerkmale, vgl. o. V.: Kleiner Mann ganz groß. Toshiba Libretto 100 CT, in: NOTEBOOK & Organizer, 4/1998, S. 14.

Abb. 18: Subnotebook
Libretto 100CT
Quelle: Toshiba

DAT wird auf der Leipziger Messe „Auto Mobil International" im April 1998 den mobilen Verkäuferarbeitsplatz „MOVAP 441" präsentieren, der auf eben diesem Subnotebook laufen soll. Zwar kann ein Subnotebook problemlos mit einer Hand bedient und in eine größere Jackentasche gesteckt werden und ist aus diesem Grunde um einiges mobiler als ein Notebook, jedoch müssen im Gegenzug Abstriche bei der Tastaturtasten- und Displaygröße (7,1 Zoll beim Libretto 100CT) gemacht werden.[215] Es stellt sich die Frage, ob eine multimediale Präsentation nicht wirksamer auf einem größeren Bildschirm abläuft. Werden vorrangig finanzwirtschaftliche Berechnungen durchgeführt, spräche nichts gegen die Entscheidung für ein Subnotebook.

7.2 Organizer mit integriertem Handy

Ein mobiler Kfz-Verkäufer ist auf Kommunikation angewiesen. Einerseits soll er für alle Ansprechpartner erreichbar sein, andererseits soll er am besten auf dem gleichen Wege kommunizieren können wie sein entferntes Gegenüber. Bei Mercedes-Benz sind die Verkaufsberater der MBLF (Mercedes-Benz Lease Finanz) mit dem „Nokia Communicator" ausgestattet. Optisch betrachtet sieht der Communicator wie ein überdimensioniertes Handy aus und bietet zudem umfangreiche Organizerfunktionen. Die firmeneigene Verkaufssoftware ist in verschlankter Form auf einer Nicht-Windows-Plattform enthalten. Ralf Wacker, Vertriebskoordinator bei der MBLF, lobt die gute technische Kommunikationslösung, da

---

[215] Vgl. o. V.: Das Taschentriebwerk, in: PC mobil - Discover the world of Toshiba, 1/1998, S. 22 f.

Sprache, Fax, E-Mail, SMS[216], Timer und Kontaktmanagement unterstützt werden.[217] Über eine spezielle Kfz-Ausstattung ist der Communicator als Freisprechanlage einsetzbar, so daß im Straßenverkehr ohne Risiko telefoniert werden kann. Multimediale Präsentationen sind natürlich auf dem Communicator nicht möglich. Der Communicator ist daher als handliche kommunikative Ergänzung zum Notebook anzusehen und nicht als kompletter Notebook-Ersatz.[218]

Abb. 19: NOKIA 9000 Communicator
Quelle: NOKIA

---

[216] SMS = Short Message Service, Kurzmitteilungs-Service.
[217] Vgl. Lingner, M.: Leichter verkaufen, in: PC Mobil, 1/1998, S. 114 f. Der gesamte Artikel befindet sich in Anhang 4.
[218] Vgl. Anhang 14, Frage 5.

8 Zusammenfassung und Ausblick

Die Perspektiven für den Einsatz mobiler PC's im Kfz-Handel können zusammenfassend als gut bezeichnet werden. Dies liegt zum einen daran, daß das Automobil ein stark erklärungsbedürftiges Produkt ist. Mit zunehmender Steuerungs- und Kontrollelektronik im Automobil und dem steigenden Einsatz der Telematik wird der Erklärungsbedarf eher zu- als abnehmen. Neue Vertriebskanäle (Internet) werden den persönlichen Verkauf nicht ersetzen können. Den im Beruf des Kfz-Verkäufers gestiegenen Anforderungen kommt das Kfz-Gewerbe dahingehend nach, daß Mitte dieses Jahres der Ausbildungsberuf zum „Automobilverkäufer" eingeführt wird. Beim Benchmarking im automobilen Verkauf kann festgestellt werden, daß das in der Ausbildung führende Unternehmen Mercedes-Benz das Notebook bereits erfolgreich einsetzt. Multimediale Beratungssysteme bei komplexen Produkten und Dienstleistungen werden in Zukunft weiter an Bedeutung gewinnen. Geschulte Verkaufsberater, die das Notebook und die Verkaufssoftware in professioneller Weise für die Emotionalisierung des Kunden einsetzen und die Verkaufssteuerungstools und Kommunikationsmöglichkeiten des Notebooks nutzen, werden den Verkauf insgesamt effizienter gestalten können. Dies ist für alle Beteiligten beim Automobilkauf von Vorteil: a) für den Verkäufer, da er mehr aktive Verkaufszeit zum Akquirieren hat, b) für das Autohaus, da mit einem Produktivitätsgewinn im Vertrieb gerechnet werden kann, und c) für den Kunden selbst, da er für das Automobil kompetenter und effizienter beraten wird. Da für die Zukunft mit weiter fallenden Hardwarepreisen gerechnet werden muß, wird das Notebook auch für jene Autohäuser interessant werden, die bisher die hohen Investitionskosten gescheut haben (vgl. Anhang 19).

Abbildungsverzeichnis

Abb. 1:   Der automobile Wertschöpfungsprozeß...................................... 11

Abb. 2:   Vertriebswege im Automobilhandel.. 13

Abb. 3:   Das Autohaus als Fachmarkt für Mobilität................................. 15

Abb. 4:   Aufgabeninhalte und Funktionselemente des Computer Aided Selling....... 19

Abb. 5:   Auswirkungen von Produktivitätssteigerungen im Vertrieb................. 20

Abb. 6:   Quantitative Verbesserungen durch eingesetzte CAS-Systeme............... 22
          (Anwenderbefragung)

Abb. 7:   Softwareanwendungen im Kfz-Gewerbe.. 24

Abb. 8:   Stellenwert des persönlichen Verkaufs dargestellt am Beispiel der........ 26
          Automobilindustrie

Abb. 9:   Miniaturisierung tragbarer Computer.. 29

Abb. 10: Dreiecksbeziehung Verkäufer-Notebook-Kunde................................. 33

Abb. 11: Mobile Computing.. 34

Abb. 12: Bestandteile des Mobile Computing... 34

Abb. 13: Einfluß des Mobile Computing auf Kunden, Mitarbeiter und................. 37
          Unternehmen

Abb. 14: Europa-Absatzprognose Mobil-PC's.. 39

Abb. 15: Anteil mobiler PC's am PC-Gesamtmarkt..................................... 40

Abb. 16: Kofferlösung.. 52

Abb. 17: Notebook mit Docking-Station.. 62

Abb. 18: Subnotebook Libretto 100CT.. 66

Abb. 19: NOKIA 9000 Communicator... 67

Externbrink, Holger	Die richtige Software, in: kfz-betrieb, 12/1997, S. 28-54
Fleschner, Frank	Für mobile Arbeiter, in: FOCUS, 12/1998, S. 186-188
Friedel-Beitz, Anita	Ab mit alten Zöpfen im Verkauf. Verkaufssteuerung, in: kfz-betrieb, 9/1997, S. 138-140
Geffroy, Edgar K.;	Verkaufserfolge auf Abruf in der Automobilbranche, 3. Auflage,
Schroeder, Manfred	Landsberg/Lech: Vlg. Moderne Industrie 1994
Geisler, Heinrich	Die Zukunft einer Industrie, in: PC Mobil, 2-3/1998, S. 18-19
Grabowski, Susanne	Multimediale Seminargestaltung, Alling: Vlg. Sandmann 1995
Grieb, Philipp	Allzeit bereit: mobiler Hostzugriff, in: online, 1/1997, S. 48-54
Grundhöfer, Horst;	Gemischte Gefühle, Ergebnisse einer Diplomarbeit: Der
Sackenheim, Elke	Außendienstmitarbeiter und sein mobiler PC, in: versicherungsbetriebe, 3/1996, S. 10-14
Hallensleben, Jutta	Briefing für kundenorientierte IT-Services, Kunden und Partner in Prozesse einbeziehen, in: absatzwirtschaft, 3/1998, S. 103-109
Hassmann, Volker	Raus aus dem CAS-Dschungel, in: sales profi, 3/1998, S. 8-10
Hendricks, Bernd	Spielfilme auf Diskette, in: Süddeutsche Zeitung vom 18.3.1998, CeBit '98 Beilage, S. 2
Hermann, Wolfgang	Der virtuelle Vertrieb bleibt vorerst ein Wunschtraum, in: Computerwoche, 27/1997, S. 9-10
Hinnenberg, Ralf	Die Rückkehr der Portables. Große Displays lassen Notebooks wachsen, in: PC Magazin, 23/1997 vom 4. Juni 1997, S. 9
Hinnenberg, Ralf	Wettbewerbsvorteil durch Notebooks - Interview mit Kevin A. Clark, IBM, in: PC Mobil, 1/1998, S 18
Hohensee, Matthias	Klobige Finger, in: WIRTSCHAFTSWOCHE, 12/1997, S. 102-105
Howard, Bill	Notebooks & Laptops Guide, München: Vlg. te-wi 1992
Hülk, Christa	IT im nächsten Jahrtausend: Remote macht mobil, in: online, 7/1997, S. 53-54
Hünerberg, Reinhard;	Multi-Media und Marketing. Grundlagen und Anwendungen,
Heise, Gilbert	Wiesbaden: Vlg. Gabler 1995
Jungbluth, Thomas	Notebooks richtig einsetzen, München: Vlg. Hanser 1996,
Kaiser, Annette	Viel Mühe für wenig Ertrag, in: kfz-betrieb, 5/1996, S. 22-23
Kasten, Hans-H.	Service- und Effizienzsteigerung durch Einsatz moderner Technik im Versicherungsaußendienst, Versicherungswirtschaft, 15/1997, S. 1091-1094
Kieliszek, Katja	Computer Aided Selling - Unternehmenstypologische Marktanalyse, Wiesbaden: Vlg. Gabler 1994
Koch, Wilfried	Freund oder Feind? in: PC Mobil, 3-4/1997, S. 104-105
Kotler, Philip	Marketing-Management: Analyse, Planung, Umsetzung und Steuerung, 8. Auflage, Stuttgart: Vlg. Schäffer-Poeschel 1995
Kulczycki, Glory	Information Security, in: MANAGEMENT ACCOUNTING, 12/1997, S. 18-24
Leupold, Martin;	Multimedia im Automobil-Marketing, in: Marketing mit
Schlichtkrull, Jürgen	Multimedia, Hrsg.: Günter Silberer, Stuttgart: Vlg. Schäffer-Poeschel 1995, S. 85-104

Lingner, Margit	Leichter verkaufen, in: PC Mobil, 1/1998, S. 114-115
Link, Jörg; Hildebrand, Volker	Database-Marketing und Computer Aided Selling, München: Vlg. Vahlen 1993
Link, Jörg; Hildebrand, Volker	Verbreitung und Einsatz des Database Marketing und CAS, München: Vlg. Vahlen 1994
Link, Jörg; Hildebrand, Volker	EDV in Marketing und Vertrieb strategisch nutzen, in: io management, 3/1995, S. 85-89
Link, Jörg; Hildebrand, Volker	Mit IT immer näher zum Kunden, in: HARVARD BUSINESS manager, 3/1995, S. 30-39
Ludvigsen Karl E.	Kundenorientierung in der Automobilbranche, Stuttgart: Vlg. Moderne Industrie 1995
Maier, Axel von	Erfolgsfaktoren im Automobilhandel, in: kfz-betrieb, 12/1995, S. 44-47
Marzian, Sieghard	Wege zu mehr Vertriebseffizienz, in: acquisa, 7/1997, S. 52-54
Meffert, Heribert	Marketing, Grundlagen der Absatzwirtschaft, 7. Auflage, Wiesbaden: Vlg. Gabler 1991
Meffert, Heribert	Merketing: Grundlagen marktorientierter Unternehmensführung, 8. Auflage, Wiesbaden: Vlg. Gabler 1998
Meinig, Wolfgang	Grundbegriffe der Automobilwirtschaft, München: Vlg. Drucken und Binden 1995
Miller, Franz	Die Elektronik erobert das Auto, Beilage Süddeutsche Zeitung vom 06.03.1998, S. H9
Mühlenburg, Alexander	Notebooks - mobile computing, in: PC-SHOPPING, 3/1997, S. 56-67
Mülder, Wilhelm; Weis, Hans C.	Computerintegriertes Marketing, Hrsg.: Weis H. C., Ludwigshafen: Vlg. Kiehl 1996
Niemeier, Joachim; Schäfer, Martina; Engstler, Martin; Koll, Peter	Mobile Computing: Informationstechnologie ortsungebunden nutzen, München: Vlg. Computerwoche 1994
Nietzschmann, Jens	Zsf. Vortrag (DAT): Virtuelle Schadensbegutachtung - Eine neue Ausbildungsmöglichkeit bei der Kalkulation von Kfz-Schäden, am 28.11.1997 auf dem 3. IT-Trainings-Kongress in Bonn
o. V.	Lizenz zum Verkaufen, MBVD mit Vorreiterrolle beim Zertifikat „Geprüfter Automobilverkäufer", in: AUTOHAUS-FORUM MBVD, 1/2 1998, S. 56
o. V.	Geschäftsbericht 1996/97 des ZDK (Zentralverband Deutsches Kfz-Gewerbe), Hrsg. ZDK, Bonn
o. V.	Finanzierung auf Knopfdruck, in: AUTOHAUS-FORUM MBVD, 1/2 1998, S. 32
o. V.	Auf der Überholspur, in: ComputerBILD, 19/1996, S. 76-78
o. V.	Auto 1997, Jahresbericht des Verbandes der Automobilwirtschaft (VDA), Hrsg. VDA, Frankfurt am Main
o. V.	Lieferzeiten bremsen das Kfz-Gewerbe, in: Süddeutsche Zeitung vom 06.03.1998, S. 30
o. V.	Automobilhandel vor Konzentrationswelle, in: Handelsblatt vom 30.05.1997, S. 16

o. V.   Vertriebs- und Servicestruktur 1998, AUTOHAUS-Umfrage, in: AUTOHAUS, 1/2 1998, S. 42-47

o. V.   Im Vertrieb sind Notebooks immer Mittel zum Zweck, in: PC Magazin, 37/1993, S. 42-43

o. V.   Vom Notebook profitieren, in: Außendienst Information (AI), Trainingskurs für systematisches Verkaufen, Nr. 680 vom 18.05.1996, o. S.

o. V.   Moderne Mobil-PCs sind recht verläßlich, in: INFORMATION Week, 13/1997, S. 106

o. V.   Wie lange laufen sie denn? Der Lithium-Ionen-Akku im Notebook, in: SCENIC MOBILE, Mobile Computing mit Siemens Nixdorf, 2/1997, S. 26-29

o. V.   Das ZIP-Laufwerk für den SCENIC Mobile 320 und 710, in: SCENIC MOBILE, Mobile Computing mit Siemens Nixdorf, 1/1998, 23-24

o. V.   Neue Optionen für den SCENIC Mobile 710, in: SCENIC MOBILE, Mobile Computing mit Siemens Nixdorf, 3/1997, S. 5

o. V.   Mit Sicherheit, in: SCENIC MOBILE, Mobile Computing mit Siemens Nixdorf, 1/1998, S. 18

o. V.   Akzeptanz beim Kunden. PC Einsatz: in: Außendienst Information (AI), Trainingskurs für systematische Akquisition, 09/1995, Nr. 309, o. S.

o. V.   Mulitmediale Informationen für die europäische Automobil-wirtschaft, Broschüre der DAT (Deutsche Automobil Treuhand GmbH)

o. V.   Toshiba will mit Desktops wachsen, in: online, 8/1997, S. 12

o. V.   Der Flachbildschirm, in: SCENIC MOBILE, Mobile Computing mit Siemens Nixdorf, 2/1997, S. 13

o. V.   Die bessere Alternative, in: SCENIC MOBILE, Mobile Computing mit Siemens Nixdorf, 2/1997, S. 8-10

o. V.   Diagnose an elektronischen Komponenten. Erst effektiv mit Expertensystem, in: KRAFTHAND, 23/1997 vom 6.12.1997, S. 18-20

o. V.   Quo vadis Diagnosetechnik. Interview mit Hans-Joachim Laube, ASA-Präsident und SUN-Geschäftsführer, in: kfz-betrieb, 10/1997, S. 35

o. V.   Das Taschentriebwerk, in: PC mobil - Discover the world of Toshiba [vormals: PC MOBIL. Das Magazin für Toshiba Computer], 1/1998, S. 22-23

o. V.   Prompte Bedienung. Effizienter Vertrieb mit Global Ordering, in: AUTOHAUS-FORUM MBVD, 1/2 1998, S. 29

o. V.   Unter Dach und Fach. Neuer Ausbildungsberuf „Automobil-kaufmann/-kauffrau", in: autokaufmann, 1. Ausbildungsjahr, Heft 6, Januar/1998, S. 8-10

o. V.   Vorwärts in die Zukunft. Notebook-Technologie, in: NOTEBOOK & Organizer, 4/1998, S. 47

o. V.   Pentium II für Notebooks, in: NOTEBOOK & Organizer,

4/1998, S. 12

o. V. Spieglein, Spielglein. Technologie: Notebook-Displays, in: NOTEBOOK & Organizer, 4/1998, S. 50-51

o. V. Kraftwerk. Akkus und Powermanagement, in: NOTEBOOK & Organizer, 4/1998, S. 48

o. V. Sie drehen sich doch. Notebook-Technologie: Massenspeicher und Miniaturisierung, in: NOTEBOOK & Organizer, 4/1998, S. 52-53

o. V. Kleiner Mann ganz groß. Toshiba Libretto 100 CT, in: NOTEBOOK & Organizer, 4/1998, S. 14

o. V. Der Klassen-Primus. Toshiba Tecra 750 DVD, in: NOTEBOOK & Organizer, 4/1998, S. 34

o. V. Ein Koffer für die Zukunft. Star Diagnose von Mercedes-Benz, in: AUTOHAUS-FORUM MBVD, 1/2 1998, S. 73-74

Reindl, Armin M. EDV-Management für freie Werkstätten, in: kfz-betrieb, 9/1997, S. 102-104

Repschlaeger, Martin; Mobile Büros, Berlin: Vlg. VDE 1995
Riedel, Dieter

Riedel, Wolfram Internet - Autohändlers Todfeind? in: amz - auto motor zubehör, 11/1997, S. 60-62

Rink, Jürgen Größe XXL, Notebook mit 15-Zoll-Display, in: Magazin für Computertechnik (c't), 3/1998, S. 50-51

Ritter, Felix; Sasse, Volker Notebook PowerPack, Düsseldorf: DATA BECKER 1993

Scherney, Klaus Surfen in der GW-Börse, in: kfz-betrieb, 7/1997, S. 68-69

Schimmel-Schloo, Martina Computerunterstützung und neue Techniken für den organisierten Umsatzerfolg, Würzburg: Vlg. Schimmel 1994

Schmitz-Hübsch, Egon Computer Aided Selling. Vernetzte Informationssysteme im Innen- und Außendienst, Landsberg/Lech: Vlg. Moderne Industrie 1992

Schoeler, Frank von In Raten verkaufen, in: amz - auto motor zubehör, 10/1997, S. 34-36

Schwetz, Wolfgang Die Qual der Wahl, in: absatzwirtschaft, 11/1992, S. 90-101

Schwetz, Wolfgang Tägliche Betriebspraxis, Computer Aided Selling - systematisch Marktanteile gewinnen durch mobilen PC-Einsatz im Vertrieb, Freiburg: Vlg. Haufe 1993, Gruppe 9, S. 161-190

Schwetz, Wolfgang Der Gläserne Kunde, in: Motivation, 4/1995, S. 24-26

Schwetz, Wolfgang Computer Aided Selling (CAS): Wachsendes Interesse an Software zur Vertriebsunterstützung, in: PC MOBIL. Das Magazin für Toshiba Computer, 9-10/1997, S. 28-30

Shraven, Ralph 10 Prozent Verkauf über Einzelhandel, Interview mit Ralph Shraven, Toshiba, über Marktanteile, Vertriebsstrategien und fehlende Produkte, in: PC Mobil, 2-3/1998, S. 16

Siebel, Thomas; zitiert nach: Hermann, Wolfgang: Der virtuelle Vertrieb bleibt
Malone, Michael vorerst ein Wunschtraum, in: Computerwoche, 27/1997, S. 9

Silberer, Günter Marketing mit Multimedia. Grundlagen, Anwendungen und Management einer neuen Technologie im Marketing, Stuttgart:

	Vlg. Schäffer-Poeschel 1995
Stolp, Jutta	Kundendaten schützen, Sicherer Einsatz von Notebooks im Außendienst, in: versicherungsbetriebe, 2/1996, S. 42-44
Thalhofer, Reinhold	Wege ins nächste Jahrtausend, in: amz - auto motor zubehör, 4/1997, S. 102-105
Thiele, Albert	Computergestützte Präsentation, in: Außendienst Information (AI)-Trainingskurs für systematisches Verkaufen, Vertreterbeilage Nr. 707 vom 14.06.1997
Tischer, Michael	Jeder fängt klein an - Das große 1 x 1 in Sachen Notebook-Technik, o. O.: Hrsg. Toshiba Europe GmbH 1997
Torabli, von Kian; Eitel, Barbara	Heißer Draht im Aktenkoffer, in: Business Computing, 12/1995, S. 61-63
Unland, Heinz	Wachstumsmarkt oder Nische? Mobile Computing in Europa, in: OFFICE MANAGEMENT, 10/1995, S. 21-23
Weidelich, Friedhelm	Neuer Mobilfunk-Standard, in Süddeutsche Zeitung vom 18.03.1998, CeBit '98 Beilage, S. XIX;
Wester, Jörg	Stromkanister, Test: Akku-Laufzeiten, in: PC Mobil, 4/1998, S. 36-42
Wilmes, Jörg; Hohberger, Peter	CAS-Systeme im Anwendertest, in: OFFICE MANAGEMENT, 11/1994, S. 56-60
Winkelmann, Peter	Mit Kundenportfolios schneller zu den wichtigen Kunden, in: acquisa, 7/1997, S. 58-65
Winkler, Marcus	Hand in Hand, in PC Mobil, 10/1997, S. 22-25
Winkler, Olaf	Online ohne Leitung. Mobile Kommunikation, in: NOTEBOOK & Organzier, 3/1998, S. 48., S. 54-55
Woisetschläger, Ernst	Trends in der Diagnosetechnik. PC-fähig - aufrüstbar - mobil - mit Standardschnittstelle, in: kfz-betrieb, 10/1997, S. 34
Zach, F. Christian	Begeisterte Kunden feilschen nicht, Ottobrunn: Vlg. AUTOHAUS 1995
Zach, F. Christian	Fang den Kunden, Ottobrunn: Vlg. AUTOHAUS 1997
Zdral, Wolfgang	Fit durch schlanken Vertrieb, in: Top-Business, 6/1994, S. 22-30
Zeutschel, Ulrich; Hintzpeter, Reimer; Patzelt, Bernhard	BMW: "Jetzt wird auch der Verkauf super gemacht", in: HARVARD BUSINESS manager, 1/1995, S. 65-74

Anhang

Anhang 1:   Systemstrategie Mobile Computing in der Automobilindustrie
              (Siemens Nixdorf)

Anhang 2:   Amortisation von Handheld-Computern im mobilen Einsatz

Anhang 3:   Der multimediale Verkäuferarbeitsplatz der BMW AG

Anhang 4:   Leichter verkaufen: Der NOKIA Communicator bei der MBLF
              (PC MOBIL)

Anhang 5:   AutoView: Geographische Portfolio-Analyse (ABH/INSIGMA)

Anhang 6:   Internet-Adressen der Automobilhersteller

Anhang 7:   Internet-Gebrauchtwagen Börse: Automarkt der BMW AG

Anhang 8:   Gebrauchtfahrzeugbewertung nach DAT-System

Anhang 9:   Leasingangebot (Mercedes-Benz)

Anhang 10:   Darlehensantrag (Mercedes-Benz)

Anhang 11:   Antrag auf Ausstellung eines Kfz-Sicherungsscheines (Mercedes-Benz)

Anhang 12:   Fahrzeug- und Leasingangebot (BMW)

Anhang 13:   Leasingantrag für gewerbliches Leasing (BMW)

Anhang 14:   Preisauszeichnung mit Sales Assistant 2.0 (BMW)

Anhang 15:   Kernaussagen zum zukünftigen Umfeld des Automobilhandels
              (Mercedes-Benz-Projekt)

Anhang 16:   Interview mit Herrn Wacker, Vertriebskoordinator der MBLF, München

Anhang 17:   Interview mit Herrn Lang, Nfz-Verkäufer Peugeot, München

Anhang 18:   Interview mit Herrn Tanzer, VW-Verkäufer MAHAG, München

Anhang 19:   Interview mit Herrn Müller, EDV-Leiter BMW, Paderborn

Systemstrategie Mobile Computing in der Automobilindustrie

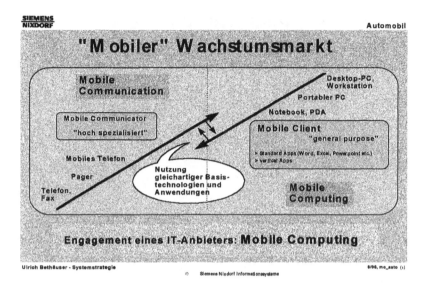

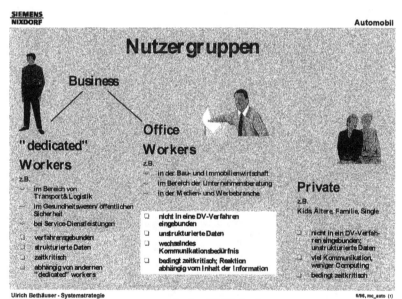

Drei Kommunikationsarten

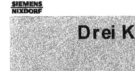

Ulrich Bethäuser - Systemstrategie   6/96, mc_auto (1)

               Siemens Nixdorf Informationssysteme

Building Blocks

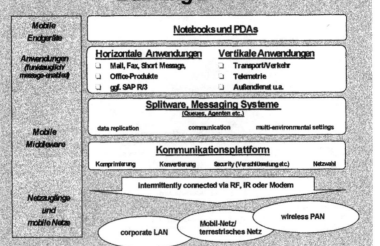

Ulrich Bethäuser - Systemstrategie   6/96, mc_auto (6)

               Siemens Nixdorf Informationssysteme

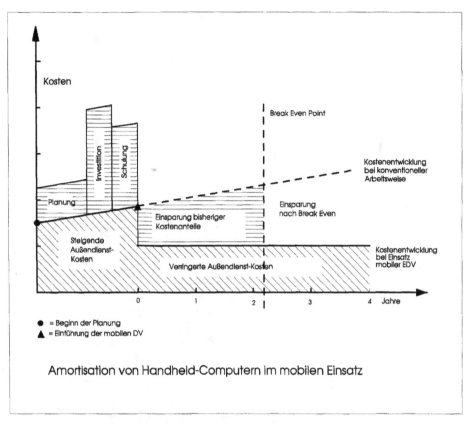

Amortisation von Handheld-Computern im mobilen Einsatz

Quelle: Mülder, W.; Weis, H. C.: Computerintegriertes Marketing, 1996, S. 403.

Der multimediale Verkäuferarbeitsplatz der BMW AG

Anhang 3

Der MULTIMEDIALE Verkäuferarbeitsplatz

FUHRPARK-ASSISTENT
- Verwaltung des Händlerfuhrparks
- Vermarktung der Fuhrparkfahrzeuge

BERICHTS-ASSISTENT
- Berichte über Verkaufsentwicklungen

PLANUNGS-ASSISTENT
- Zeitplanung
- Aktivitätsplanung

BERATUNGS-ASSISTENT
- Kosten- und Leistungsanalyse

AUTOMOBIL-ASSISTENT
- Fahrzeugwahl
- Sonderausstattungswahl
- Baubarkeitsprüfung
- Kaufpreisermittlung

KUNDEN-ASSISTENT
- Kundenerfassung
- Kundenverwaltung
- Datenerweiterung

DATEN-ASSISTENT
- Datenbank

FINANZ-ASSISTENT
- Leasingangebote
- Kredit
- Instandhaltungsangebote

Während die meisten Automobilverkäufer sich mit kiloschweren Notebooks abmühen, bietet die Mercedes-Benz Lease Finanz den Verkäufern mit dem „Communicator 9000" von Nokia die leichtere Lösung.

MARGRIT LINGNER

E in potentieller Mercedes-Kunde, Inhaber mehrerer kleiner, aber exklusiver Läden, braucht einen kleinen Flitzer, mit dem er seine Filialen in der Stadt schnell erreichen kann. Dafür ist ein Wagen der A-Klasse von Mercedes-Benz gerade der richtige – Sie wissen schon, „Der mit dem Elch tanzt". Und weil der prestigeträchtige Kleinwagen von jetzt an nicht mehr tanzt, bestellt der Geschäftsinhaber den Verkäufer kurzerhand in sein Büro. Die Zeit, eine Mercedes-Niederlassung wegen der Finanzierung aufzusuchen, hat er nicht.

Leichter verkaufen

Der Communicator am „Point of Sales"

Seitdem die Mercedes-Benz Lease Finanz (MBLF) den Nokia „9000 Communicator" benutzt, ist die Beratung des Kunden bei der Finanzierung oder beim Leasing und der Geschäftsabschluß vor Ort problemloser geworden.

Multifunktionelles Handy mit smarter Software und Finanzierungsprogramm.

Dieses kleine, ca. 400 g leichte Gerät sieht nicht nur von außen wie ein gewöhnliches, etwas überdimensionales Mobiltelefon aus, im geschlossenen Zustand ist es sogar eines. Klappt man es auf, zeigt sich ein Organizer mit allem Komfort: Notiz- und Adreßbuch, Terminkalender, Fax- und Internetanschluß, dazu E-Mail und Kurzmitteilungs-Service (SMS) sowie – last but not least – die Taste mit dem Mercedes-Stern. Mit ihr ruft der Außendienstler die Kalkulationssoftware auf. Außerdem verfügt der Communicator über eine spezielle Kfz-Ausstattung mit Freisprecheinrichtung, so daß man während der Fahrt telefonieren kann, ohne die Fahrsicherheit zu beeinträchtigen.

Das Herz des Communicators bildet ein Embedded Intel 386 Spezialprozessor nebst 8 MByte Speicher, von denen die Hälfte für Betriebssystem und Anwendungen verwendet werden, den Rest teilen sich Datenspeicher und Programmausführung. Das Graustufendisplay mit seiner Auflösung von 640 x 200 Pixel und Hintergrundbeleuchtung ist zwar nicht gerade riesig, reicht aber für die Anwendungen allemal. Bis zu 130 Minuten kann man mit dem Communicator

sprechen, faxen oder Daten austauschen. Im Standby-Modus mit eingeschalteter Telefonfunktion liefert der Hochleistungsakku für ca. 30 Stunden Strom, ohne Telefonfunktion bis zu einer Woche. Selbst bei völlig entladenem Akku bleiben die Daten gesichert.

Das Betriebssystem wurde von Geoworks speziell für Nokia entwickelt; es bietet den großen Vorteil eines offenen Systems: Für besondere Anforderungen eines Anwenders läßt sich jederzeit eine zusätzliche Software einbinden.

Für den Stuttgarter Finanzdienstleister übernahm die Firma Yellow Computing in Bad Friedrichshall die Aufgabe, eine spezielle Software für die Verkaufsberater zu entwickeln. In nur drei Monaten wurde eine auf C++ und GEOS NT SDK basierende Software entwickelt. „Das Programm ist ein gutes Beispiel, wie man sehr große und ‚fette' Windowsprogramme auch ‚verschlankt' auf einer Nicht-Windows-Plattform realisieren kann, wenn man das nötige Know-how dazu besitzt", erläutert Wolfram Herzog, Softwareentwickler bei der auf Organizerprogrammierung spezialisierten Firma. Er führt weiter aus, daß das Programm zusätzlich über 30 verschiedene

Masken und Ansichten enthält. Dabei handelt es sich um ein recht komplexes User-Interface, welches auf der Nokia-Oberfläche abgebildet wurde, ohne das dabei die intuitive Oberfläche des Communicators verloren gegangen wäre. Ein besonderes Feature, worauf MBLF großen Wert legt, ist letztlich die Möglichkeit, die Software über Internet ständig zu aktualisieren.

Eine kurze Testphase und damit auch niedrige Entwicklungskosten stellte beide Seiten zufrieden, und seit der Internationalen Automobilausstellung dieses Jahres sind zunächst hundert Berater mit dem Communicator ausgerüstet. Sie dienen als Multiplikator und sollen den Mercedes-Verkäufern diese elegante Lösung schmackhaft machen. Während andere Automobilkonzerne ihre Vertreter noch mit kiloschweren Notebooks auf die Reise schicken, ziehen jene lediglich den handygroßen Communicator aus dem Jackett hervor, um eine maßgeschneiderte Finanzierung anzubieten.

Schnell im Firmennetz

Ein mögliches Szenario: Schon auf der Fahrt zum Kunden hat sich der Verkäufer nach dessen Bonität erkundigt. Eine kurze Anfrage bei MBLF in Saarbrücken ergab, daß es sich um einen guten Kunden handelt, der bereits mehrere Wagen gekauft hat. So hofft der Verkäufer auf einen raschen Abschluß und natürlich auch auf seine Provision.

Beim Kunden angelangt, öffnet er mit einem gewissen Stolz seinen Communi-

Statement

"...auf diese Weise kommerzielle Anwendung unseres Communicators sind wir sehr stolz. Auf diesem Wege [...] sind wir auf besonders gute Multiplikatoren. Beim täglichen Einsatz des Communicators beim Verkauf und bei der Kommunikation demonstrieren die zahlreichen Kunden die vielfältigen Möglichkeiten, die unser Gerät bietet. Nicht vergessen sollte man das positive die Zusammenarbeit mit Mercedes-Benz unser Ansehen beeinflußt."

Christian Hundertmark,
Produktmanager für Großkunden bei Nokia

Statement

"Im Verkauf trifft die Formel: Der Schnelle schluckt den Langsamen immer mehr zu. Wir müssen uns auf die sich verändernden Kommunikationswege unserer Kunden einstellen und profitieren hiervon auch bei der Inhouse-Kommunikation in starkem Maße. Hohe Verfügbarkeit aller Optionen, ohne technischen Mehraufwand – bei kleinen Geräteabmessungen – da kommen wir an dem Nokia 9000i nicht vorbei. Wo sonst findet man Sprache, Fax, SMS, E-Mail, Timer und Kontaktmanager technisch so gut gelöst? Abgerundet wird das Ganze durch die auf uns zugeschnittene Software."

Ralf Wacker, Vertriebskoordinator bei der Mercedes-Benz Finanz GmbH

cator, auf dessen Rückseite der Mercedes-Stern prangt. Ein Druck auf die Extrataste, auch sie durch den Stern markiert, ruft das Kalkulationsprogramm auf, und wenig später steht das erste Angebot auf dem Display – mit dem der Kunde aber noch keinesfalls zufrieden

ist. Es folgt eine längere Verhandlung, es müssen noch mehrere Varianten durchgespielt werden, ehe man sich einig wird. Der Verkäufer läßt sich das Angebot nochmals durch den Kopf gehen und schickt es dann per Fax an den Kunden, der sich über die rasche Bearbeitung freut. Eigentlich hätte man das Angebot auch auf den Rechner des Kunden überspielen können, doch der hat keine Infrarotschnittstelle, und die Verbindung über ein serielles Kabel war dem Kunden zu umständlich – das Fax kommt auf Knopfdruck. Ein Blick auf den Terminkalender seines Communicators, der über SMS ständig aktualisiert wird, zeigt, daß er noch eine gute Stunde bis zum nächsten Termin hat: Zeit genug, in Ruhe einen Kaffee zu trinken.

Bisher setzt MBLF den Communicator nur für den Vertrieb von Personenwagen ein. Wenn er sich bewährt – und es sieht ganz danach aus - wird man ihn bald auch für das Geschäft mit Lastwagen und Bussen einsetzen, bei dem es um größere Beträge geht. Für Nokia könnte dies den Einstieg in ein lukratives Geschäft mit Sonderlösungen für Großkunden bedeuten. •

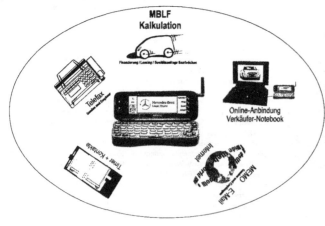

MBLF Kalkulation

Telefax

Mercedes-Benz

Online-Anbindung
Verkäufer-Notebook

Timer + Kontakte

Internet

MEMO

E-Mail

Auto View

Das
Geographische
Informations-
System
im KFZ-Markt

ABH   in²

Leistungsfähige Mappingfunktionalität

- Verknüpfung von Daten mit Landkarten
- Volle Kontrolle durch Verschieben und Zoomen
- Layerkontrolle zur Skalierung
- Selektion via Einzel-Pick, Polygon- oder Umkreisbestimmung
- Einfaches Geokodieren (Adreßsuche)
- Dynamisches Färben von Gebieten
- Information durch graphische Symbole
- Regional-Portfolio Analysen

Integratives Konzept

- Einbindung **hausinterner** Daten, beispielsweise Kaufkraftzahlen zur optimalen Kundenklassifizierung

→ Auch individuelle Daten lassen sich einbinden

Daten in Hülle und Fülle

Aktuelle KBA-Daten

- Bestandszahlen (Stand 1.1.1998)
- Aufbruch nach Erstzulassungsjahren
- Geographisch gegliedert nach Bundesländern, 440 Kreisen und über 8000 Einzel-Postleitzahlen
- Marktspezifisch eingeteilt nach Herstellern, Modellen und Typen
- Optional:

  Aktuelle Vertragshändlerdatei mit ca. 25000 Adressen

  BBE-Einwohner- und Kaufkraftdaten

  BBE-Marktpotentiale

Aktuelles Kartenmaterial

- Farblich abgesetzte PLZ-, Kreis- und Bundesländergrenzen auf 3 transparent übereinanderliegenden Ebenen
- Großstädte sind aufgebrochen
- Optional: individuelle Vertriebsgebiete

INSIGMA
Informations-Technologie GmbH
Schumannstraße 2
50931 Köln (Lindenthal)

Telefon: 02 21 / 94 05 01-0

ABH Marketingservice GmbH
Weißhausstraße 24
50939 Köln (Sülz)

Telefon: 02 21 / 94 05 01-0

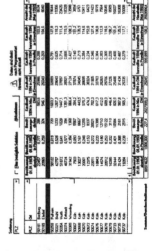

AutoView – GIS auf Ihrem Desk...

Sie möchten alles über Ihren Markt oder Ihre Mitbewerber wissen, etwa...

- die regionale Marktposition Ihrer Marke oder Ihres Unternehmens,
- die Marktsituation in bestimmten Regionen,
- die historische Entwicklung der Neuzulassungen,
- das regionale Marktpotential an älteren Fahrzeugen,
- die Konkurrenzsituation im Handel,
- die regionalen Markterfolge der Konkurrenz

Sie sehen aber vor lauter Zahlenreihen in endlosen Listen nicht, worauf es ankommt, oder sind oft unterwegs (und suchen nach einer Laptop-geeigneten Lösung)...

Dann ist AutoView die Lösung für Sie!

- Klein und kompakt, läuft auf jedem durchschnittlich ausgestatteten Laptop der Pentium-Klasse (natürlich auch auf Ihrem Desktop-PC),
- schnell in der Analyse trotz umfassenden Datenbestands und
- einfache Bedienung dank graphischer Oberfläche unter Windows™ 95 oder Windows™ NT 4.0.

Einsatzgebiete

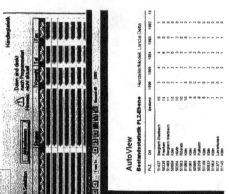

Geographische Analysefunktionen und Landkarten unterstützen Sie bei der Durchführung von **Marktanalysen, Regionalstatistiken** und **Kundenanalysen,** sowie bei der **Standortsuche und -analyse.**

AutoView bietet dazu folgende Module:

- Marktübersicht – ausgewähltes Modell im Vergleich zum Bundesmittel (Auswertung und Färbung)
- Bestandsdaten mit Marken-/Modell- und Altersaufbruch (Auflistung und Report)
- Optional:

  Vertragshändlerdaten und -standorte (Auflistung, Färbung und Report)

  Kaufkraftdaten (Auflistung und Report)

Im Beispiel links dargestellt ist eine Marktübersicht für den Lancia Delta im Kölner Raum auf Grundlage des aktuellen Bestands.

Die Färbung erfolgt auf Basis des bundesweiten Marktanteils (s.o.).

Zusätzlich eingeblendet wurden die Händlerstandorte für diese Marke (s.a. Auflistung unten mit allen Händlerdaten).

Ganz unten ist ein Ausdruck der Bestandsstatistik zu sehen.

Anhang 6

Internet-Adressen der Automobilhersteller

Automobil-Hersteller	Internet-Adresse
Alfa Romeo	http://www.alfaromeo.de
Audi	http://www.audi.de
BMW	http://www.bmw.de
Buick	http://www.buick.com
Cadillac	http://www.cadillac.com
Chevrolet	http://www.chevrolet.com
Chrysler	http://www.chryslercorp.com
Citroen	http://citroen.ch
Ferrari	http://www.ferrari.it
Fiat	http://www.fiat.de
Ford	http://www.ford.com
General Motors	http://www.gm.com
Honda	http://www.honda.com
Hyundai	http://www.hmc.co.kr
Isuzu	http://www.isuzu.com
Jaguar	http://www.jaguarcars.com
Lamborghini	http://www.lamborghini.com
Mercedes-Benz	http://www.mercedes-benz.com
Mitsubishi	http://www.mitsubishi-motors.de
Nissan	http://www.nissanmotors.com
Opel	http://www.opel.com
Peugeot	http://www.peugeot.com
Pontiac	http://www.pontiac.com
Porsche	http://www.porsche.de
Rover	http://www.rovercars.com
Saab	http://www.saab.de
Ssangyong	http://www.ssangyong.de
Subaru	http://www.subaru.com
Suzuki	http://www.suzuki.de
Toyota	http://www.toyota.co.jp
Volvo	http://www.volvocars.com
VW	http://ww.vw-online.com

Quelle: Eigene Darstellung in Anlehnung an: o. V.: ComputerBILD, 19/1996, S. 78.

Anhang 7

Produkte und Service.

Wählen Sie Ihren gewünschten BMW 5er Reihe

Bitte geben Sie mindestens zwei Kriterien ein, damit Ihre Anfrage bearbeitet werden kann.

<u>Herstellerwahl</u> **Sie haben die Möglichkeit, bei den Feldern Modell, Farbe und PLZ eine Mehrfachauswahl zu treffen.**

Haben Sie noch Fragen zur Recherche und zur Eingabe? Im <u>Helpscreen</u> finden Sie n ützliche Tips!

Modell: Bitte wählen Sie maximal zwei Modelle.

Preis
km:
EZ:

PLZ: Bitte wählen Sie maximal zwei Postleitzahlenbereiche.

Farbe: Bitte wählen Sie maximal zwei Farben.

Sonderausstattung:

Automatik   **MwSt. ausweisbar**
Schaltgetriebe

ABS   **Klimaanlage/-automatik**
Airbag   **Leder**
Servolenkung **Schiebedach**

<u>Das ist BMW 1998. Automobile</u> / <u>BMW Individual</u> / <u>BMW Shop: Teile und Zubehör, Accessoires</u> / <u>Fast Neue und Gebrauchte</u> / <u>BMW Service</u> / <u>BMW Fahrer-Training</u>

Anhang 8

Autohaus   Meisterservice

70599 Stuttgart Wollgrasweg 43 ~Tel.: 0711/4503-0

Nr. S-A1234		CD	: 18.08.1997
Fahrzeugart	: Personenkraftwagen	Motorart	: OTTO
Fabrikat	: Mercedes-Benz	Hubr./Leistung	: 1799 / 90 kW / 122PS
Typ	: C 180 G-KAT*	Erstzulassung	: 15.12.1993
Aufbauart/Ausf.	: Limousine / Elegance	Nächste HU/AU	: /
Türenzahl	: 4	Farbe	: -
Amtl. Kennz.	: S-UN 999	Ges.Fahrstrecke	: 45.000
Fahrgest.Nr.	:	Anzahl Besitzer	: 1

Fzg.-Gesamtzustand	: normal	Vorschaden	: Reparierter Schaden
Reifengr./-zust. 1. Achse :	185/65R15 5,0/--/--/5,0mm	Hersteller	:
Reifengr./-zust. 2. Achse :	185/65R15 4,0/--/--/4,0mm	Hersteller	:
Reifengröße Res.-Rad :	185/65R15 5,0/--/--/--mm	Hersteller	:

Serienausstattung:
Design- und Ausstattungslinie 'Elegance', Karosserie 4-türig, Aussenspiegel beide elektr. verstellbar + heizbar, Airbag Fahrerseite, Sportsitze vorn, Zentralverriegelung, Anti-Blockier-System (ABS), Servolenkung, Batterie 62 Ah, Getriebe 5-Gang, Motor 1,8 Ltr. - 90 kW KAT

Sonderausstattung:
Antenne elektrisch hinten, Aussentemperaturanzeige, Fensterheber elektrisch vorn + hinten, Feuerlöscher

Zusatzausstattung:
Radio Becker

Auf der Basis des Marktspiegels der Deutschen Automobil Treuhand und unter der Berücksichtigung der mitbewerteten Ausstattung sowie der angegebenen wertbeeinflussenden Faktoren ermittelt sich unser **Händlereinkaufswert** des oben genannten Fahrzeugs am 02.09.1997 zu:

25.300,-- DM

Diese Bewertung wurde durchgeführt von:

@970815

Protokoll zur Gebrauchtfahrzeug-Bewertung NR. S-A1234 vom 22.08.1997

Blatt: 1	@970814		BW: 102 CD : 18.08.1997	ED

Besteuerungsart	: Differenz	Bewertungsanzahl	: 1
Erste Bewertung	: 22.08.1997	Letzte Bewertung	: 22.08.1997
Fzg.-Halter	: Hubert Zeller	Anzahl Besitzer	: 1
Straße	: Hauff Str. 124	DAT-Schlüssel	: 5/570/1200/93/3
PLZ / Ort	: 70980 Stuttgart	KBA-Schlüssel	: 0708 / 464
Telefon Privat	:	Leist./Hubraum	: 90 kW (122 PS) 1799 ccm
Telefon Firma	:	Nächste HU / AU	: /
Amtl. Kennzeichen	: S-UN 999	Farbe	: -
Fabrikat	: Mercedes-Benz	Radstand	: -
Typ	: C 180 G-KAT*	Anzahl Achsen	: 2
Kfz-Ident.Nr.	:	Aufbauart/Ausf.	: Limousine / Elegance
Erstzul./Baujahr	: 15.12.1993/1993	Laderaum/Inhalt	:
Vorschaden	: Reparierter Schaden	Nutz-(Aufliege-)Last	:
Schadenshöhe ca.	: 1.500,-- DM	Zul. Gesamt Gewicht	: -
Reifengr./-zust. 1. Achse	: 185/65R15 5,0/--/--/5,0mm	Trag.- / Gesch.-Index	: 88 / H
Reifengr./-zust. 2. Achse	: 185/65R15 4,0/--/--/4,0mm	Trag.- / Gesch.-Index	: 88 / H
Reifengröße Res.-Rad	: 185/65R15 5,0/--/--/--mm	Trag.- / Gesch.-Index	: 88 / H

Listen-Neupreis (incl. MwSt.):			44.218,--	DM

Verkaufswert nach DAT-Marktspiegel			:	25.200,--	DM
Laufleistung	:	45.000 km			
Bezugsfahrstrecke	:	90.000 km			
Monats/km-Differenz	:	-45.000 km	:	+	3.229,38 DM
Man. km-Korrektur	:	0,0 %	:	+	0,-- DM
Man. Ezl.-Korrektur	:	0,0 %	:	+	0,-- DM
Wertbeeinflussung durch Fußnoten und Sonderausstattung			:	+	837,-- DM

Werterhöhung		:	+	0,-- DM
Wertminderung durch Unfall		:	-	150,-- DM
Reifen		:	-	78,-- DM

Fahrzeug-Grundwert	:	29.038,--	DM

Korrekturfaktor	: 100 %	+	0,--	DM
Korrekturfaktor Anzahl Besitzer	: 0 %	-	0,--	DM

Händler-Verkaufswert		:	29.038,--	DM
Instandsetzungskosten Soll (incl. MwSt.)	: 100 %	-	0,--	DM
Gebrauchtfahrzeug-Garantie		+	0,--	DM

Händler-Verkaufswert	:	29.038,--	DM

Ermittelte Handelsspanne (incl. 485,74 DM MwSt.)		:	-	3.724,-- DM
Verkaufsförderung		:	+	0,-- DM

Händler-Einkaufswert (incl. MwSt.)	:	25.300,--	DM

Tag des Ausdrucks : 02.09.1997

durchgeführt von :

(Ein '*' vor einer Zahl bezeichnet eine manuelle Änderung)

Blatt 2   *(@970806)*   A U S S T A T T U N G E N

Serienausstattung:

Design- und Ausstattungslinie 'Elegance'	Karosserie 4-türig
Aussenspiegel beide elektr. verstellbar + heizbar	Airbag Fahrerseite
Sportsitze vorn	Zentralverriegelung
Anti-Blockier-System (ABS)	Servolenkung
Batterie 62 Ah	Getriebe 5-Gang
Motor 1,8 Ltr. - 90 kW KAT	

	NEU	ABW	DM
Sonderausstattung:			
Antenne elektrisch hinten	230,00	47,00 T	47,00
Aussentemperaturanzeige	190,00	39,00 T	39,00
Fensterheber elektrisch vorn + hinten	1.944,00	398,00 T	398,00
Feuerlöscher	219,00	45,00 T	45,00
Summe:	2.583,00	529,00	529,00
Zusatzausstattung:			
Radio Becker	1.500,00	308,00 T	308,00
Summe:	1.500,00	308,00	308,00
Gesamtsumme:	4.083,00	837,00	837,00

Tag des Ausdrucks: 02.09.1997

durchgeführt von:

Carsten Dictus

München 29.01.98
Carsten Dictus cd
Tel.: +498912063634
Fax: +498912063615

Herrn Dictus
Otto-Hahn-Ring 20
81739 München
Tel.: / Fax:

Ihr Leasingangebot für einen Mercedes Benz C 180

Sehr geehrter Herr Dictus,

vielen Dank für Ihr Interesse an unserem Leasingangebot.
Gerne unterbreiten wir Ihnen nach Ihren Vorgaben folgendes Angebot:

Leasingdauer	36 Monate	
Gesamtlaufleistung	60 000 km	
Kaufpreis Fahrzeug	50 000,00 DM	
Kaufpreis für Ein-/Aufbauten/KFZ-Brief	0,00 DM	
Gesamtkaufpreis	50 000,00 DM	
Leasing-Sonderzahlung	10 000,00 DM	
Leasingfaktor (%Gesamtkaufpreis)	1,30 %	
Leasingfaktor (%Gesamtbasiswert)	1,62 %	
Gesamtbasiswert	40 000,00 DM	
Monatliche Leasingrate	648,00 DM	
Mehrkilometer	75,00 DM	je 1000 km
Minderkilometer	50,00 DM	je 1000 km

Alle oben genannten Preise verstehen sich zuzüglich Umsatzsteuer.
Dies ist ein Angebot der Mercedes-Benz Leasing GmbH und basiert auf den derzeitigen
Kapitalmarktzinsen. Es ist freibleibend und verpflichtet keine Seite zum Vertragsabschluß.

Kennen Sie unser Service-Leasing-Programm der Mercedes-Benz Leasing GmbH, dessen
Bausteine individuell nach Ihren Wünschen kombiniert werden können? Zur Information
über dieses besondere Leistungspaket sowie für alle Leasing- und Finanzierungsfragen
stehen wir Ihnen selbstverständlich gerne zur Verfügung.

Mit freundlichen Grüßen

gez. i.V. Haggenmiller   gez. i.V. Dictus   c/

Anhang 10

Mercedes-Benz Finanz GmbH

Darlehensantrag zur gewerblichen Nutzung   Stand: 1/96

Darlehenskonto-Nr.:	KD-Nr.:
Berater-Name: Carsten Dictus	Nr.: 0173
Verkäufer-Name:	Nr.:
NDL/VP:	Nr.:
MB-Auftrags-Nr.:	

Darlehensnehmer: Testkunde Test		Rechtsform:	
Straße, Haus-Nr.: Testkunde 12		Telefon:	089/999999
PLZ,Wohnort: 99999 Testhausen		Telefax:	089/999999
Handelsregister-Nr./ Amtsgericht:	Paß-Personalausweis-Nr. / ausstellende Behörde des Unterzeichners:		

Der Darlehensnehmer beantragt unter Anerkennung der ausgehändigten Darlehensbedingungen für nachstehende(s) Finanzierungsobjekt(e) ein Darlehen.

	Objekt, Fahrzeug-Ident-Nr.	Anzahlung an Lieferant in DM	Darlehensbetrag in DM (Kaufpreis - Anzahlung)	auszuzahlen an (Firma, Anschrift)
1	C 180 T Neu	12.000,00	48.000,00	
2				
3				
	Summe	12.000,00	48.000,00	

Kaufpreis inkl. USt.	DM	60.000,00
Anzahlung	- DM	12.000,00
Darlehensbetrag	= DM	48.000,00
Zinsen 3,83 % p.a.	+ DM	4.419,52
Gebühren	+ DM	0,00
Gesamt-Darlehensbetrag	= DM	52.419,52

Zahlungsplan   ☐ Saisonratenfinanzierung (siehe die als Bestandteil dieses Vertrages beigefügte Anlage)

monatliche Fälligkeit: 30.

36   Raten zu je DM   678,32   fällig ab 12.1998

1   Rate zu   DM   28.000,00   fällig am 11.2001

Verschiebt sich die Fahrzeugauslieferung, ist die erste Rate an dem, der Auszahlung des Darlehensbetrages folgenden Zahlungstermin fällig. Die weiteren Raten sind jeweils einen Monat später fällig.

Für den Fall, daß sich bis zum Zeitpunkt der Lieferung der (des) Finanzierungsobjekte(s) Kaufpreis oder Steuern oder bis zum Zeitpunkt der Darlehensauszahlung gültige Zinssatz für derartige Darlehen ändert, erklärt sich der Darlehensnehmer mit einer entsprechenden Anpassung des Darlehensvertrages an die geänderten Beträge einverstanden.

Der Darlehensnehmer bestellt die in Abschnitt II der ausgehändigten Darlehensbedingungen geregelten Sicherheiten.

Einzugsermächtigung

Die Mercedes-Benz Finanz GmbH wird widerruflich ermächtigt, fällige Forderungen aus diesem Darlehensvertrag einzuziehen mittels Lastschrift vom

Konto Nr. 8900988   BLZ 70070010   Bank   testbank

Der Darlehensnehmer stellt sicher, daß dieses Konto die erforderliche Deckung aufweist.

Ort/Datum   ✍ Unterschrift Darlehensnehmer und Firmenstempel

Sitz der Gesellschaft: Stuttgart
Registergericht Stuttgart HRB-Nr.: 12571
Umsatzsteuer-ID-Nr.: DE811120989
Vorsitzender des Aufsichtsrats: Dr. Klaus Mangold
Geschäftsführung: Heinz W. Kiefer (Vorsitzender),
Wolfgang Penni, Klaus Entenmann

Zentrale:
Nordbahnhofstr. 147
D-70191 Stuttgart
Telefon: (0711) 25 74 - 01/02
Telefax: (0711) 257 88 28

Bankverbindung:
Mercedes-Benz Finanz GmbH
Stuttgart
BLZ 600 300 00

Ein Unternehmen der
Daimler-Benz InterServices

Mercedes-Benz
Finanz GmbH

Antrag auf Ausstellung eines Kraftfahrzeug-Sicherungsscheins

Antragsteller (Name und Anschrift)	**Kreditgeber** (Name und Anschrift)
Testkunde Test Herrn Test Testkunde 12 99999 Testhausen	**Mercedes-Benz Finanz GmbH** Postfach 10 32 62 70028 Stuttgart Telefon (0711) 25 74 01 Bankleitzahl **600 300 00**

Aktenzeichen des Kreditgebers / Konto-Nummer	Versicherungsschein-Nummer	Ablauf der Finanzierung
Fahrzeugart Amtliches Kennzeichen Neu	Hersteller / Typ Mercedes-Benz C 180 T	Fahrgestell-Nummer
Sofern Haftpflichtversicherungsbeitrag mitfinanziert: Haftpflicht-Versicherung bis zum	Sofern Kaskoversicherungsbeitrag mitfinanziert: Fahrzeugversicherung bis zum	Tag der Erstzulassung

Das Fahrzeug ist dem Kreditgeber sicherungsübereignet worden. Der Unterzeichner erklärt sich damit einverstanden, daß für die Versicherung des Fahrzeugs die folgenden Bestimmungen gelten:

1. Die Versicherung gilt in Höhe des durch die Sicherungsübereignung gesicherten Kredits für Rechnung des vorgenannten Kreditgebers oder eines Dritten, den der Kreditgeber Ihnen benennt.

2. In Abweichung von den Allgemeinen Bedingungen für die Kraftfahrtversicherung (AKB) ist allein der Kreditgeber oder ein von diesem benannter Dritter berechtigt, die Rechte aus der Fahrzeugversicherung auszuüben und über sie zu verfügen, insbesondere die Entschädigung anzunehmen und die Rechte neben dem Versicherungsnehmer gerichtlich geltend zu machen, und zwar auch dann, wenn der Kreditgeber oder der Dritte den Versicherungsschein nicht besitzt. Der Kreditgeber ist damit einverstanden, daß Entschädigungen bis zu einem Betrage von 500 DM an den Unterzeichner gezahlt werden.

3. Im Falle der Einbeziehung des Versicherungsbeitrages in die Finanzierung ist eine Beitragserstattung bei vorzeitiger Beendigung des Versicherungsvertrages (Haftpflicht- und/oder Fahrzeugversicherung) an den Kreditgeber oder einen von diesem benannten Dritten vorzunehmen.

Der Unterzeichner beantragt, dem Kreditgeber einen Sicherungsschein auszustellen, der nach Erledigung des durch die Sicherungsübereignung gesicherten Kredits vom Kreditgeber an das Versicherungsunternehmen zurückzugeben ist.

München,   29.01.1998

Ort / Datum   Unterschrift des Antragstellers

Versicherungsunternehmen (Name und Anschrift)

Musterbau AG
Herrn Michael Handschuck

    München

ZD-H-1/MH
069/40 36-57593
18.02.1998
ANGEBOT Nr. 2005961

Sehr geehrter Herr Handschuck,

wir bedanken uns für Ihr Interesse an unserem Produkt. Nachfolgend erhalten Sie unser freibleibendes Angebot für das von Ihnen gewünschte Fahrzeug:

Fahrzeugart:	Neuwagen
KFZ-Brief-Nr.:	BN 999 304
Fahrgestell-Nr.:	WBADD41070BT50920

Fahrzeug:

DD41	BMW 523 I A KATALYSATOR	DM	61.006,00
490	SONDERLACKIERUNG	DM	0,00
N6SN	LEDER MONTANA SANDBEIGE	DM	3.290,00

Sonderausstattung:

280	BMW LM RAD/SPEICHENSTYLING	DM	2.115,00
320	MODELLSCHRIFTZUG ENTFALL	DM	0,00
339	SHADOW-LINE	DM	357,19
401	SCHIEBE-HEBEDACH, ELEKTRISCH	DM	1.692,00
428	WARNDREIECK	DM	0,00
438	EDELHOLZAUSFUEHRUNG HOCHGLAENZEND	DM	705,00
441	RAUCHERPAKET	DM	0,00
465	DURCHLADESYSTEM	DM	799,00
494	SITZHEIZUNG FUER FAHRER+BEIFAHRER	DM	611,00
510	LEUCHTWEITENREGELUNG ABBLENDLICHT	DM	0,00
534	KLIMAAUTOMATIK	DM	3.478,00
629	AUTOTEL.D-NETZ MIT KARTENLESER VORN	DM	2.021,01
676	HIFI AKTIV-LAUTSPRECHERSYSTEM	DM	921,20
704	SPORTFAHRWERK M	DM	611,00
801	AUFTRAGSSTEUERUNG ZD	DM	0,00
818	BATTERIEHAUPTSCHALTER	DM	0,00
863	EUROPA-HAENDLERVERZEICHNIS	DM	0,00
879	DEUTSCH-BETRIEBSANL./SERVICEHEFT	DM	0,00
940		DM	0,00
1018	TRANSPORTKOSTEN	DM	799,00

Blatt 1 von 2

8888	ARMATURENTAFEL IN SCHWARZ	DM	470,00
8888	PORSCHE-NACHTBLAU MET.	DM	2.726,00

Fahrzeuggesamtpreis:

Preis exkl. MwSt.	DM	70.957,73
zuzüglich 15% MwSt.	DM	10.643,66
Preis inkl. 15% MwSt.	DM	81.601,39

Ein Angebot Ihrer BMW Leasing:

Fahrzeug-Leasing

Angebotsnr.				2005961
Leasingzeit	Monate			36
Fahrleistung pro Jahr	km			15.000
			exkl. MwSt.	inkl. MwSt.
Einmalige Leasing-Sonderzahlung 7,47%	DM		5.640,43	6.486,50
Monatl. Leasingrate	DM		1.208,70	1.390,00
Mehr-km-Satz	Pf		22,65	26,04
Minder-km-Satz	Pf		15,10	17,36

Dieses Angebot ist freibleibend und unverbindlich. Für weitere Informationen steht Ihnen Herr Handschuck unter der Telefonnummer 069/40 36-57593 gerne zur Verfügung.

Mit freundlichen Grüßen

BAYERISCHE MOTOREN WERKE
-   AKTIENGESELLSCHAFT   -
Niederlassung Frankfurt

i.V.   i.A.

Rudolf Bühl   Michael Handschuck

Anhang 13

Kunde/Leasingnehmer:

Musterbau AG

Stiftsbogen 148
81375 München

Ausliefernder BMW Händler:

BAYERISCHE MOTOREN WERKE
- AKTIENGESELLSCHAFT -
Niederlassung Frankfurt
Hanauer Landstraße 182
60314 Frankfurt

Telefon (gesch.):	089-38257593	
Telefon (priv.):	089-7002845	
Branche:		
Kunden-Nr.:		

Händler-Nr.:	74	
Gebiet:	2/18	
Berater:	Herr Michael Handschuck	
Telefon:	069/40 36-57593	
Fax:	57445	

beantragt **unter Anerkennung der ausgehändigten Allgemeinen Geschäftsbedingungen mit Stand vom 11.96** den Abschluß eines **Leasing-Erstvertrages** mit **Kilometerabrechnung** mit der BMW Leasing GmbH (Leasinggeber) über nachstehend bezeichnetes Neu-Fahrzeug:

Leasinggegenstand:		Schl.-Nr.:
Typ:	BMW 523 I A KATALYSATOR	DD41
Farbe:	SONDERLACKIERUNG	490
Polster:	LEDER MONTANA SANDBEIGE	N6SN

Leasingzeit Monate:	36
jährliche Fahrleistung km:	15000
unverbindlicher Übergabetermin:	23.02.98

Fahrzeug-Grundpreis (ohne MwSt.)	DM	**56.434,78**
+ Summe Sonderausstattung/Zubehör	DM	19.052,17
= Einstandspreis (ohne MwSt.)	DM	75.486,95
./. (ohne MwSt.)	DM	4.529,22
./. Leasingsonderzahlung (ohne MwSt.)	DM	5.640,43
= Vertragswert netto	DM	65.317,30
+ MwSt.	DM	9.797,60
= Vertragswert brutto	DM	**75.114,90**
Leasingsonderzahlung (incl. MwSt.)	DM	6.486,50
monatl. Netto-Leasingrate (ohne MwSt.)	DM	**1.208,70**
+ MwSt.	DM	181,30
= Ges. Leasingrate (incl. MwSt.)	DM	**1.390,00**
Mehr-km	pf./km (ohne MwSt.)	22,65
Minder-km	pf./km (ohne MwSt.)	15,10

BMW Leasing GmbH

Leasingantrag für gewerbliches Leasing Nr. 00074-02-000148

1. Der Leasingnehmer ist an seinen Antrag 4 Wochen gebunden. Der Leasingvertrag ist abgeschlossen, wenn der Leasinggeber den Antrag innerhalb dieser Frist schriftlich bestätigt oder das Leasingfahrzeug dem Leasingnehmer übergibt (Ziff.I.1.AGB). **Weicht die Bestätigung vom Leasingantrag ab, gelten die Abweichungen mit der Übernahme des Fahrzeugs als angenommen.**

2. Bei vorzeitiger Vertragsbeendigung durch eine vom Leasingnehmer zu vertretende außerordentliche Kündigung gemäß Abschnitt XIV Ziff. 2 oder 3 bzw. Abschnitt X 6 der AGB wird der Ablösewert durch Abzinsung der um 3% ersparter laufzeitabhängiger Gemeinkosten reduzierten Restleasingraten und des kalkulierten Restwerts (netto) ermittelt. Der Abzinsungssatz beträgt 2% über dem jeweiligen Diskontsatz der Deutschen Bundesbank am Tag der Unterzeichnung des Leasingantrages. Dem Leasingnehmer bleibt es unbenommen, einen niedrigeren Schaden des Leasinggebers nachzuweisen.

Der kalkulierte Restwert wird vom Leasingnehmer bei der Vertragsart mit Kilometer-Abrechnung nur für den Fall einer vorzeitigen Vertragsbeendigung gemäß Abs. 1 mit 52,00% vom Einstandspreis (netto) garantiert, da in diesem Fall keine Kilometer-Abrechnung erfolgen kann.

3. Gerichtsstand:
Für sämtliche gegenwärtigen und zukünftigen Ansprüche aus der Geschäftsverbindung einschließlich Wechsel- und Scheckforderungen ist ausschließlicher Gerichtsstand nach Wahl des Leasinggebers München oder Frankfurt/Main. Derselbe Gerichtsstand gilt, soweit der Leasingnehmer oder ein Mitschuldner nach Vertragsabschluß seinen Wohnsitz oder gewöhnlichen Aufenthaltsort aus dem Inland verlegt oder sein Wohnsitz oder gewöhnlicher Aufenthaltsort zum Zeitpunkt der Klageerhebung nicht bekannt ist.

Der Leasingnehmer ist versichert bei der Versicherungsgesellschaft , Versicherungsschein-Nr. .

Die BMW Leasing GmbH wird zum Bankeinzug ermächtigt.

Bankname:	Sparkasse München
Ort:	München
BLZ:	750000000
Konto-Nr.:	

Name des Konto-Inhabers, falls abweichend vom Leasingnehmer:

Der Leasingnehmer erklärt sich mit den als Anlage beigefügten Allgemeinen Geschäftsbedingungen einverstanden und bestätigt, eine Durchschrift des Leasingantrags mit den als Anlage beigefügten Allgemeinen Geschäftsbedingungen mit Stand vom 11.96 erhalten zu haben.

_____
(Ort, Datum)

_____
(Unterschrift des Leasingnehmers)
**zum Leasingantrag
zu vorstehenden individuellen
Vereinbarungen 1-3
zur Ermächtigung zum Bankeinzug
zum Erhalt der Allgemeinen
Geschäftsbedingungen Stand: 11.96**

Geschäftsführer: Johann Felch * BMW Leasing GmbH, Heidemannstraße 164, D-80788 München * Sitz und Registergericht München HRB 46544

BMW Leasing GmbH

Leasingantrag für gewerbliches Leasing Nr. 00074-02-000148

Kunde: Musterbau AG

Vollmacht
Die BMW Leasing GmbH bevollmächtigt die BMW Bank GmbH, im Namen und für Rechnung der BMW Leasing GmbH, diesen Leasingantrag zu bestätigen und den durch die Bestätigung zustande gekommenen Leasingvertrag abzuwickeln.

BMW Leasing GmbH
gez. Johann Felch

Leasing-Extra bei Totalschaden oder Diebstahl
Der Leasinggeber verzichtet im Falle eines Diebstahls oder Totalschadens auf die Differenz zwischen Ablösewert und Wiederbeschaffungswert, wenn die Versicherungsleistung binnen drei Monaten (ab Schadenstag) bei ihm eingeht. Andernfalls verbleibt es bei der Fälligkeit des Ablösewertes gemäß Abs.X Ziff.6 i.V.m. Abs.XV der AGB. Erfolgt die Auszahlung der Versicherungsleistung noch zu einem späteren Zeitpunkt, erstattet der Leasinggeber die Differenz zwischen Ablösewert und Wiederbeschaffungswert an den Leasingnehmer zurück.

BMW Niederlassung Darmstadt

BMW 535i A

Motor

173 kW (235 PS)
3.498 ccm

Lackierung

Metallic fjordgrau	1.370,00

Polster

Flachgewebe königsblau	0,00

Ausstattung

Armauflage vorn	
Bordcomputer	
Edelholzausführung hochglänzend	
Klimaautomatik	
Geschwindigkeitsregelung	
Nebelscheinwerfer	
Cassettenhalterung	100,00
Doppelverglasung für Seiten- un	1.350,00
Radio BMW Professional RDS	750,00
BMW LM Schmiederad/Classic	950,00
Scheinwerfer-Hochdruck-Waschan	650,00
Skisack	320,00
Heckscheibenrollo elektrisch	790,00

Ausstattung

Sonnenschutzverglasung	500,00
Sportfahrwerk, M	650,00
BMW Sportsitze für Fahrer und	850,00

incl. MwSt.

Grundpreis	86.700,00
Sonderausstattung	8.280,00
Fahrzeug gesamt	1.850,00
Preis	**96.830,00**

alle Preise in DM

Ein Angebot Ihrer BMW Leasing

Leasingzeit in Monaten	36
Kilometerleistung pro Jahr	15.000
Leasingsonderzahlung	0,00
Rate pro Monat	**2.003,18**

Finanzierungsangebot auf Anfrage

Kernaussagen zum zukünftigen Umfeld des Automobilhandels I
Gesellschaftliches Umfeld und Kundenverhalten

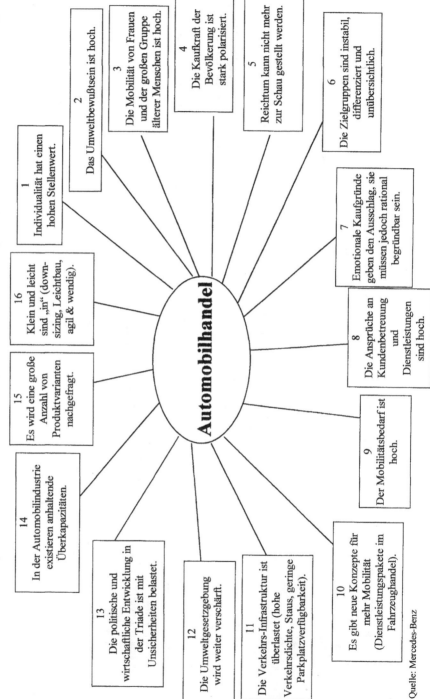

Automobilhandel

1
Individualität hat einen hohen Stellenwert.

2
Das Umweltbewußtsein ist hoch.

3
Die Mobilität von Frauen und der großen Gruppe älterer Menschen ist hoch.

4
Die Kaufkraft der Bevölkerung ist stark polarisiert.

5
Reichtum kann nicht mehr zur Schau gestellt werden.

6
Die Zielgruppen sind instabil, differenziert und unübersichtlich.

7
Emotionale Kaufgründe geben den Ausschlag, sie müssen jedoch rational begründbar sein.

8
Die Ansprüche an Kundenbetreuung und Dienstleistungen sind hoch.

9
Der Mobilitätsbedarf ist hoch.

10
Es gibt neue Konzepte für mehr Mobilität (Dienstleistungspakete im Fahrzeughandel).

11
Die Verkehrs-Infrastruktur ist überlastet (hohe Verkehrsdichte, Staus, geringe Parkplatzverfügbarkeit).

12
Die Umweltgesetzgebung wird weiter verschärft.

13
Die politische und wirtschaftliche Entwicklung in der Triade ist mit Unsicherheiten belastet.

14
In der Automobilindustrie existieren anhaltende Überkapazitäten.

15
Es wird eine große Anzahl von Produktvarianten nachgefragt.

16
Klein und leicht sind „in" (downsizing, Leichtbau, agil & wendig).

Quelle: Mercedes-Benz

Kernaussagen zum zukünftigen Umfeld des Automobilhandels II Unternehmen und Vertrieb

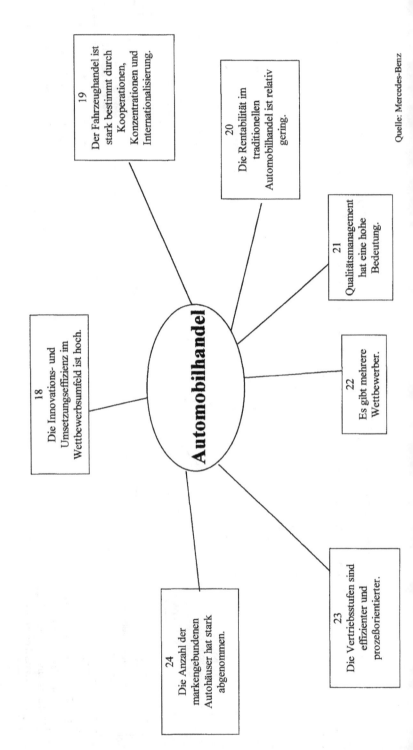

Automobilhandel

18
Die Innovations- und Umsetzungseffizienz im Wettbewerbsumfeld ist hoch.

19
Der Fahrzeughandel ist stark bestimmt durch Kooperationen, Konzentrationen und Internationalisierung.

20
Die Rentabilität im traditionellen Automobilhandel ist relativ gering.

21
Qualitätsmanagement hat eine hohe Bedeutung.

22
Es gibt mehrere Wettbewerber.

23
Die Vertriebsstufen sind effizienter und prozeßorientierter.

24
Die Anzahl der markengebundenen Autohäuser hat stark abgenommen.

Quelle: Mercedes-Benz

Anhang 16

- 1 -

Interviewbogen für Herrn Wacker

1. Welche Anwendungen laufen auf dem Notebook?

Notebook : Winlease - ein eigenes leal lel.progr. *

Communicator : ebenfalls ein kleines Winleas

leasing /Finanzierung

2. Welche Systemanforderungen stellt MB an ein Verkäufernotebook?

CPU: _200 MHz_   Hauptspeicher (RAM): _mi 32 MB_

Festplatte (GB): _> 2,5 GB_   Display (DSTN/TFT): ......

Akkutechnologie/-laufzeit (Li-Ion/Std.): _je länger um so besser_

Modularität (Zip-Drive, MO-Drive, Akku, 2. Festplatte, Hochrüstbarkeit des Rechners und des Displays etc.):

Zip - Drive

Wichtigkeit der Produktqualität (Funktionalität, Design und Ergonomie):

Markenprodukt w/ langer Unterstützung

Wichtigkeit des Services und Supports des Herstellers:

Sehr wichtig

Sonstiges:

-2-

3. Welche Anwendungen laufen auf dem Nokia Communicator 9000i?

siehe #1

4. Inwieweit hat der Communicator beim Kfz-Verkauf den Notebookeinsatz verdrängt bzw. die Anwendungen verlagert?

*Er stellt eine Alternative dar.
Je nach Verkaufssituation, wo ein Noteb[...]
zu umhandlich bzw. Strom-Probl.*

5. Inwieweit ergänzen sich Communicator und Notebook beim Kfz-Verkauf?

*Notebook = Car Configurator + Lease + Fin - halbu[...]
Communicator = Lease + Fin + die Kommuni[...]
Seite = Fax-/eMail-Angebot*

6. Wäre ein Sub-Notebook (vgl. TOSHIBA Libretto) ein möglicher Kompromiß aus beiden Systemen?

Nein

7. Welchen Nutzen stiftet das Notebook für den Verkäufer?

*Siehe 5 → Car Configurator ist vor allem b[...]
ein Nutzfahrzeugbereich bei der Komplexität d[...]
Baumuster sehr wichtig -*

8. Welchen Nutzen stiftet das Notebook in der Verkaufsberatung für den Automobilkäufer?

*Sicherheit beim Zusammenstellen des Kfz's +
Sicherheit in der Kalkulation Leas/Fin*

- 3 -

9. Stießen Sie in der Vergangenheit bei der Implementierung der neuen
Beratungs- und Verkaufssysteme auf Widerstand von Verkäuferseite
(Technikfeindlichkeit, mangelnde Schulungsbereitschaft, etc.)?

*Viele Verkäufer klebten an Verkaufstanden-
Büchern. Aber das Thema ist durch.*

10. Wie ist die Akzeptanz des Kunden durch den starken Technik- und
Kommunikationseinsatz beim Verkauf?

*Viele Verkäufer berichten von Abwehrhaltungen
durch Kunden. Da ist Kleiner = Besser*

11 Besteht die Gefahr, daß der Kunde durch eine „multimediale Show" bei der
Produktpräsentation auf einem Highend-Notebook zu sehr von der modernen
IT fasziniert und beeinflußt wird und daß der eigentliche Anlaß des Besuchs
beim Kunden - der erfolgreiche Vertragsabschluß - in den Hintergrund
gerät?

*Kommt ganz auf den Verkäufer an. Aber die
Anwendungen sind optisch nicht so spektakulär.
Es ist besser, wenn der Kunde mitschauen kann*

12. Welche Bedeutung spielt ein professionelles computergestütztes schriftliches
Angebot und welche Übertragungsart (Fax, Ausdruck,email etc.) wird in der
Praxis bevorzugt? Ist der mobile Verkäufer mit einer Kofferlösungausge-
stattet?

*Kofferlösung mit Printer. Fax + gelbe Post dominieren
E-Mail kommt vereinzelt.*

13. Ist die in PC Mobil 1/98 angegebene Systemlösung (Communicator &
Notebook) für ein Autohaus aus finanzieller Sicht erschwinglich und aus
Kosten-Nutzen-Sichtweise gerechtfertigt?

*Nokia wird von uns leihweise zur Verf. gestellt
Notebook müssen Partner kaufen. Kleinere
Häuser leasen oft da schon vocal.*

- 4 -

14. Gibt MB Finanzierungshilfen bei der Anschaffung der erwähnten Verkaufssysteme (Hard-/Software, Kommunikationssysteme) für Autohäuser und
Niederlassungen?

Nicht bei Notebooks

15. Wer ist für die Verkäuferschulung mit den modernen Beratungs- und
Verkaufssystemen verantwortlich?

*Eine eigene Schulungstruppe, die aber
sehr stark auf Multiplikatoren baut*

16. Erfolgt der Einsatz der in PC Mobil erwähnten Verkaufssystemlösung bei
jedem Kfz-Verkaufsgespräch oder nur bei einem besonderen Klientel
(z. B. zahlungskräftige Kunden, Großkunden, Kunden, die aus Zeitgründen
keinen Wert auf ein Verkaufsgespräch im Autohaus legen, etc.)?

*Grade bei MB ist das Thema Außendienst
im gewerblichen Segment hoch zu bewerten.
Da muß man an mobile Systeme haben.*

17. Besteht aus Sicht des MobileComputing ein Unterschied bei der Verkaufsberatung bei Gebrauchtwagen im Vergleich zu Neuwagen?

*Yes, da GWs hauptsächlich via Ladenge-
schäft betrieben wird. Hier könnte aber Unterstützung via Smart Messaging kommen.*

18. Welche wesentlichen Unterschiede beim MobileComputing gibt es, wenn
die der Verkaufsberatung auf Nutzfahrzeuge abgestellt ist?

*In erster Linie geht es im NFZ-Bereich
um MEGA-Datenmengen beim Car Kon...*

- 5 -

....

19. Welche anderen Einsatzbereiche außer des computergestüzten Verkaufs-
    gesprächs (CAS) sehen Sie für Notebooks in der Kfz-Branche?
    z. B Computer Based Training (CBT), Gebrauchtwagenbewertung,
    Kfz-Diagnosesysteme, Sofort-Schadenkalkulation, (Werkstatt, Lager,
    Verwaltung ?)

Das Thema Versicherung kommt stärker. Die von Ihnen erwähnten Themen sind eher auf den Laden fixiert.

Ich bitte den Fragebogen auszufüllen und unter 089/3601-1564 an mich
zurückzufaxen. Für telefonische Rückfragen stehe ich Ihnen unter
089/3601-1561 oder per email 101454.1401@compuserve.com gerne zur
Verfügung.

Gleichzeitig würde ich mich sehr freuen, wenn es zu einem persönlichen
Gespräch, evtl. mit einer Verkaufssystempräsentation kommen würde.
Mit meiner Diplomarbeit bin ich in München tätig und würde mich
terminlich ganz nach Ihnen richten!

Für Ihre Bemühungen danke ich Ihnen bereits im voraus.

Mit freundlichen Grüßen

Interviewbogen für Herrn Lang   Anhang 17

1. Welche Anwendungen laufen auf dem Notebook? (z. B. Produktpräsentation und -konfiguration, Finanzierung, Leasing, Versicherung etc.)

Finanzierg / Leasing / Versicher,/
Schreibprogramm / Terminplaner

2. Welche Systemanforderungen stellen Sie an ein Verkäufernotebook?

CPU: *Pentium*   Hauptspeicher (RAM): *16 - 32*

Festplatte (GB): *7.4*   Display (DSTN/TFT): ....

Akkutechnologie/-laufzeit (Li-Ion/Std.):

Modularität (Zip-Drive, MO-Drive, Akku, 2. Festplatte, Hochrüstbarkeit des Rechners und des Displays etc.):

Einfacher Anschluß an Docking-Station /
Laufzeit von 2 Stunden

Wichtigkeit der Produktqualität (Funktionalität, Design und Ergonomie):

Niedriges Gewicht / Einfache Bedienung

Wichtigkeit des Services und Supports des Herstellers:

Ersatzgerät bei Ausfall

Sonstiges:

3. Seit wann verwenden Sie ein Notebook für die Verkaufsberatung?

1994

4. Wäre ein Sub-Notebook (vgl. TOSHIBA Libretto) im DIN A 5 Format
eine kleine und handliche Alternative zu einem full-size Notebook?

Ja – wenn unsere Finanzierungsprogramme laufen

5. Welchen Nutzen stiftet das Notebook für den <u>Verkäufer</u>? (z. B. effizientere
Verkaufsberatung, Erhöhung der Verkäuferkompetenz, weniger Fehler
bei der Angebotserstellung)

*Möglichkeit der Finanzierungsberechnung beim
Kunde = eff. Beratung –*

8. Welchen Nutzen stiftet das Notebook in der Verkaufsberatung für den
<u>Automobilkäufer</u>? (z. B. schnellere und zuverlässigere Beratung, problem-
loses Durchspielen verschiedener Angebotsvarianten)

*Auch nach verlassen des Büroraume sämtlich
notwendigen Werkzeuge verfügbar.*

9. Stießen Sie in der Vergangenheit bei der Implementierung der neuen
Beratungs- und Verkaufssysteme auf Widerstand von Verkäuferseite
(Technikfeindlichkeit, mangelnde Schulungsbereitschaft, etc.)?

teilweise – wird zunehmend weniger

10. Wie ist die Akzeptanz des Kunden durch den starken Technik- und
Kommunikationseinsatz beim Verkauf?

Gut - keine Einwände

11. Besteht die Gefahr, daß der Kunde durch eine „multimediale Show" bei der Produktpräsentation auf einem Highend-Notebook zu sehr von der modernen IT fasziniert und beeinflußt wird und daß der eigentliche Anlaß des Besuchs beim Kunden - der erfolgreiche Vertragsabschluß - in den Hintergrund gerät?

schon möglich - da ich keinos besitze kann ich nicht kompetent antworten

12. Welche Bedeutung spielt ein professionelles computergestütztes schriftliches Angebot und welche Übertragungsart (Fax, Ausdruck, email etc.) wird in der Praxis bevorzugt? Ist der mobile Verkäufer mit einer Kofferlösungsausgestattet?

Sehr wichtig aber in der Praxis noch nicht vorhanden

13. Benutzen Sie kommunikative Einrichtungen (z. B. Datenfernübertragungen) mit Ihrem Notebook?

ja nach Rückkehr in die Firma

14. Ist die mobile Verkaufsausstattung für ein Autohaus aus finanzieller Sicht erschwinglich und aus Kosten-Nutzen-Sichtweise gerechtfertigt?

unbedingt

15 14. Gibt es von Kfz-Herstellerseite Finanzierungshilfen bei der Anschaffung der erwähnten Verkaufssysteme (Hard-/Software, Kommunikationssysteme) für Autohäuser und Niederlassungen?

Nein

Anhang 18

Interviewbogen

Firma: MAHAG - Münchener Automobilhandel Haberl KG

Ort: München, Schleibinger Str. 12 - 16   Datum: 21.01.1998

Interviewer: C. Braun   Gesprächspartner: Stefan Tanzer

Kfz-Verkäufer seit: 1996

1. Welche Anwendungen laufen auf dem Notebook? (z. B. Produktpräsentation und -konfiguration, Finanzierung, Leasing, Versicherung etc.)

„ALF"- Auto-Leasing-Finanzierung mit Komponenten Autokonfiguration, Finanzierung, Leasing sowie Hausversicherung (VVG); zusätzlich externe Kfz-Versicherungsprogramme und MS-Office-Anwendungen.

Ab und zu werden Fragen nach der <u>Kfz-Steuer</u> gestellt, welche nicht im ALF sondern manuell berechnet wird. Die Kfz-Steuer-Berechnung läuft jedoch nur nebenbei ab.

2. Welche Systemanforderungen stellen Sie an ein Verkäufernotebook?

CPU: divere (486 - 166 MMX) *Hauptspeicher (RAM):* 4 - 32 MB

Festplatte (GB): 200 MB-1 GB *Display (DSTN/TFT):* v.a. DSTN

Akkutechnologie/-laufzeit (Li-Ion/Std.): diverse

Modularität/Schnittstellen (Zip-Drive, MO-Drive, Akku, 2. Festplatte, Hochrüstbarkeit des Rechners (CPU) und des Displays etc.):

Drucker

Wichtigkeit der Produktqualität (Funktionalität, Design und Ergonomie):

Er kennt das ansprechende Design der SCENIC MOBILES

Wichtigkeit des Services und Supports des Herstellers:

o. A.

Sonstiges:

Herr Tanzer benutzt ein COMPAQ Contura Notebook

3. Seit wann verwenden Sie ein Notebook für die Verkaufsberatung?

Bei MAHAG schon ca. 10 - 12 Jahre im Einsatz.

4. Verwenden Sie das Notebook sowohl im Außendienst als auch im Innendienst?

Sowohl ID als auch AD

5. Arbeiten Sie mit Ihrem Notebook auch zu Hause und wenn ja zu welcher Tätigkeit (z. B. Angebotsvorbereitung)?

Ja

6. Wieviele Kfz-Verkäufer haben ein Notebook in Ihrer Firma?

Jeder. Juniorverkäufer werden auch am Notebook geschult.

7. Hat jeder Kfz-Verkäufer ein Notebook oder teilen sich die Kfz-Verkäufer eines (Notebook-Sharing)?

Jeder Verkäufer hat sein eigenes Notebook mit dem eigenen Kundenstamm.

8. Wäre ein Sub-Notebook (vgl. TOSHIBA Libretto) im DIN A 5 Format eine kleine und handliche Alternative zu einem full-size Notebook?

Wenn das Preis-Leistungsverhältnis stimmt. Nach seiner Angabe sind PSION 3 Organizer bei BMW im Einsatz. Das ALF-Programm bietet eine Funktion zum Datenabgleich mit dem PSION-Organizer.

9. Welchen Nutzen stiftet das Notebook für den Verkäufer? (z. B. effizientere Verkaufsberatung, Erhöhung der Verkäuferkompetenz, weniger Fehler bei der Angebotserstellung)

Schnellere Effizienzsteigerung; schnellerer Überblick; man kann nichts vergessen; keine Doppelabfragen sind möglich.

10. Gab/gibt es Probleme bei der Bedienung des Notebooks (z. B. Mauseersatz)?

Er hat von den Touchpads der SCENIC MOBILES erfahren, daß diese sehr gewöhnungsbedürftig und sehr empfindlich sind. Man merkt oft gar nicht, daß man eine Aktion mit der Maus ungewollt ausgeführt hat.

11. Welchen Nutzen stiftet das Notebook in der Verkaufsberatung für den Automobilkäufer? (z. B. schnellere und zuverlässigere Beratung, problemloses Durchspielen verschiedener Angebotsvarianten)

Schnellere und problemlosere Beratung

12. Stießen Sie in der Vergangenheit bei der Implementierung der neuen Beratungs- und Verkaufssysteme auf Widerstand von Verkäuferseite (Technikfeindlichkeit, mangelnde Schulungsbereitschaft, etc.)?

Keine Berührungsängste, Verkäufer haben eine kaufmännische Ausbildung. Man **muß** lernen, damit umzugehen und hat als junges Team keine Probleme mit den neuen Technologien.

13. Wie ist die Akzeptanz des Kunden durch den starken Technik- und Kommunikationseinsatz beim Verkauf?

Der Kunde sieht den Nuzten; er sieht, daß er schneller und effizienter beraten wird.

14. Besteht die Gefahr, daß der Kunde durch eine „multimediale Show" bei der Produktpräsentation auf einem High-End-Notebook zu sehr von der modernen IT fasziniert und beeinflußt wird und daß der eigentliche Anlaß des Besuchs beim Kunden - der erfolgreiche Vertragsabschluß - in den Hintergrund gerät?

Nein

15. Benutzen Sie kommunikative Einrichtungen (z. B. Datenfernübertragungen) mit Ihrem Notebook?

Man kann mit dem „ALF" online gehen und sich Programmupdates über das Festnetz herunterladen oder in der Zentrale Finanzierungs- und Leasinganfragen stellen (z. B. bei Bonitätsanfragen).

Kundendaten werden in der Zentrale nur erfaßt, wenn es zum Vertragsabschluß kam. Diese werden vom schriftlichen Vertrag übernommen. Der Verkäufer löscht ca. alle 6 Monate Kunden- und Angebotsdaten, bei denen es nicht zum Vertragsabschluß kam.

16. *Welche Bedeutung spielt ein professionelles computergestütztes schriftliches Angebot und welche Übertragungsart (Fax, Ausdruck, email etc.) wird in der Praxis bevorzugt? Ist der mobile Verkäufer mit einer Kofferlösung ausgestattet?*

Im AD erfolgt ein Vor-Ort-Ausdruck, falls der ADM seine Kofferlösung dabei hat. Im Innendienst wird bei telefonischen Anfragen i. d. R. das Angebot gefaxt.

17. *Welche sonstige Peripherie benutzen Sie beim Notebookeinsatz (z. B. externes CD-ROM-Laufwerk, PC-Cards, Handy, externe Maus, Wechsel-datenträger etc.)?*

CD-ROM-Laufwerk z. B. mit Adressen- und Telefonnummerndatenbank (D-Info), externe Maus, das Handy nur off-line

18. *Ist die mobile Verkaufsausstattung für ein Autohaus aus finanzieller Sicht erschwinglich und aus Kosten-Nutzen-Sichtweise gerechtfertigt?*

Die Geräte sind mit Hilfe der VAG Bank geleast.

19. *Gibt es von Kfz-Herstellerseite Finanzierungshilfen bei der Anschaffung der erwähnten Verkaufssysteme (Hard-/Software, Kommunikationssysteme) für Autohäuser und Niederlassungen?*

Nur die VAG-Bank

20. *Wer ist für die Verkäuferschulung mit den modernen Beratungs- und Verkaufssystemen verantwortlich?*

Die Kollegen helfen sich gegenseitig. Juniorverkäufer bekommen Einweisung von den Ausbildern, sowie „learning by doing"

21. *Gibt es Unterschiede bei der Verkaufsberatung mit Notebook zwischen Neuwagen und Gebrauchtwagen?*

Es laufen im grunde dieselben Programme ab, GW habe eine feste Ausstattung und es gibt deshalb keinen AD bei GW.

22. Wie sind bezüglich Datenschutz und Datensicherheit ausgerüstet?

Kein Back-up. Nur Passwort-Schutz

23. Welche anderen Einsatzbereiche außer des computergestüzten Verkaufs-gesprächs (CAS) sehen Sie für Notebooks in der Kfz-Branche?
z. B Computer Based Training (CBT), Gebrauchtwagenbewertung, Kfz-Diagnosesysteme, Sofort-Schadenkalkulation, (Werkstatt, Lager, Verwaltung ?)

Keine

24. Könnten Sie heute Ihre Verkaufsberatung ohne dem Notebook überhaupt noch durchführen?

Man könnte schon eine Verkaufsberatung ohne Notebook durchführen, nur ist diese wesentlich zeitaufwendiger, v. a. bei Leasing- und Finanzierungsfragen.

Rück fax-Nr: ...
Herrn Christoph Braun

Anhang 19

- 1 -

AutoBavaria GmbH
Vertragshändler der BMW AG
Stedener Feld 2
33104 Paderborn
Tel. 0 52 51 / 13 52-0

Interviewbogen für Herrn Müller

Firma: AutoBavaria GmbH

Ort: Paderborn   Datum: 02.02.1998

Interviewer: C. Braun   Gesprächspartner: Herr Andreas Müller

Kfz-Verkäufer seit: _____

1. Welche Anwendungen laufen auf dem Notebook? (z. B. Produktpräsentation und -konfiguration, Finanzierung, Leasing, Versicherung etc.)

....
.... *nicht relevant* ....
....

2. Welche Systemanforderungen stellen Sie an ein Verkäufernotebook?

CPU: min. *200 MHZ*   Hauptspeicher (RAM): *32 MB*

Festplatte (GB): *2*   Display (DSTN/TFT): *12,1 " TFT*

Akkutechnologie/-laufzeit (Li-Ion/Std.): min *8 Std.*

Modularität (Zip-Drive, MO-Drive, Akku, 2. Festplatte, Hochrüstbarkeit des Rechners (CPU) und des Displays etc.):

Docking-Station im Büro
Integration Netzwerk und Datenübernahme

Wichtigkeit der Produktqualität (Funktionalität, Design und Ergonomie):

sehr wichtig

Wichtigkeit des Services und Supports des Herstellers:

Full-Service vor Ort notwendig, min. 36 Monate

- 2 -

Sonstiges:

....

....

3. Seit wann verwenden Sie ein Notebook für die Verkaufsberatung?

....

4. Verwenden Sie das Notebook sowohl im Außendienst als auch im Innendienst?

....

5. Arbeiten Sie mit Ihrem Notebook auch zu Hause und wenn ja zu welcher Tätigkeit (z. B. Angebotsvorbereitung)?

....

....

6. Wieviele Kfz-Verkäufer haben ein Notebook in Ihrer Firma?

............O............

7. Hat jeder Kfz-Verkäufer ein Notebook oder teilen sich die Kfz-Verkäufer eines (Notebook-Sharing)?

............S. O............

8. Wäre ein Sub-Notebook (vgl. TOSHIBA Libretto) im DIN A 5 Format eine kleine und handliche Alternative zu einem full-size Notebook?

......Nein............

....

9. Welchen Nutzen stiftet das Notebook für den __Verkäufer__? (z. B. effizientere Verkaufsberatung, Erhöhung der Verkäuferkompetenz, weniger Fehler bei der Angebotserstellung)

......Wunschanswort............

10. Gab/gibt es Probleme bei der Bedienung des Notebooks (z. B. Mauseersatz)?

Kann noch nicht beantwortet werden

11. Welchen Nutzen stiftet das Notebook in der Verkaufsberatung für den Automobilkäufer? (z. B. schnellere und zuverlässigere Beratung, problemloses Durchspielen verschiedener Angebotsvarianten)

Ja unter Berücksichtigung der aktuellen Preis listen

12. Stießen Sie in der Vergangenheit bei der Implementierung der neuen Beratungs- und Verkaufssysteme auf Widerstand von Verkäuferseite (Technikfeindlichkeit, mangelnde Schulungsbereitschaft, etc.)?

Vermutlich ja, da auch teilweise Ablehnung von Standgeräten

13. Wie ist die Akzeptanz des Kunden durch den starken Technik- und Kommunikationseinsatz beim Verkauf?

je nach Kundentyp von sehr positiv bis ablehnend

14. Besteht die Gefahr, daß der Kunde durch eine „multimediale Show" bei der Produktpräsentation auf einem High-End-Notebook zu sehr von der modernen IT fasziniert und beeinflußt wird und daß der eigentliche Anlaß des Besuchs beim Kunden - der erfolgreiche Vertragsabschluß - in den Hintergrund gerät?

Wahrscheinlich weniger

15. Benutzen Sie kommunikative Einrichtungen (z. B. Datenfernübertragungen) mit Ihrem Notebook?

- 4 -

16. Welche Bedeutung spielt ein professionelles computergestütztes schriftliches Angebot und welche Übertragungsart (Fax, Ausdruck, email etc.) wird in der Praxis bevorzugt? Ist der mobile Verkäufer mit einer Kofferlösung ausgestattet?

Ausdruck bzw. Fax ist noch ein muß, da Investitionsgüter selten auf Anhieb gekauft werden

17. Welche sonstige Peripherie benutzen Sie beim Notebookeinsatz (z. B. externes CD-ROM-Laufwerk, PC-Cards, Handy, externe Maus, Wechseldatenträger etc.)?

Kann noch nicht beantwortet werden

18. Ist die mobile Verkaufsausstattung für ein Autohaus aus finanzieller Sicht erschwinglich und aus Kosten-Nutzen-Sichtweise gerechtfertigt?

aus unserer Sicht z.Zt. noch zu teuer

19. Gibt es von Kfz-Herstellerseite Finanzierungshilfen bei der Anschaffung der erwähnten Verkaufssysteme (Hard-/Software, Kommunikationssysteme) für Autohäuser und Niederlassungen?

ist nicht bekannt

20. Wer ist für die Verkäuferschulung mit den modernen Beratungs- und Verkaufssystemen verantwortlich?

Vermutlich jeder Händler/Anwender selbst

21. Gibt es Unterschiede bei der Verkaufsberatung mitNotebook zwischen Neuwagen und Gebrauchtwagen?

Nein

22. Wie sind bezüglich Datenschutz und Datensicherheit ausgerüstet?

23. Welche anderen Einsatzbereiche außer descomputergestüzten Verkaufsgesprächs (CAS) sehen Sie fürNotebooks in der Kfz-Branche? z. B Computer Based Training (CBT), Gebrauchtwagenbewertung, Kfz-Diagnosesysteme, Sofort-Schadenkalkulation, (Werkstatt, Lager, Verwaltung ?)

evtl. GW – Bewertung und Schaden Kalkulation

24. Könnten Sie heute Ihre Verkaufsberatung ohne demNotebook überhaupt noch durchführen?

Ja

Ich bitte den Fragebogen auszufüllen und unter 089/3601-1564 an mich zurückzufaxen. Für telefonische Rückfragen stehe ich Ihnen unter 089/3601-1561 oder per email 101454.1401@compuserve.com gerne zur Verfügung.

Für Ihre Bemühungen danke ich Ihnen bereits im voraus.

Mit freundlichen Grüßen

Christoph Braun

Diplomarbeiten **Agentur**

Die Diplomarbeiten Agentur vermarktet seit 1996 erfolgreich
Wirtschaftsstudien, Diplomarbeiten, Magisterarbeiten, Dissertationen
und andere Studienabschlußarbeiten aller Fachbereiche und Hochschulen.

Seriosität, Professionalität und Exklusivität prägen unsere Leistungen:
- Kostenlose Aufnahme der Arbeiten in unser Lieferprogramm
- Faire Beteiligung an den Verkaufserlösen
- Autorinnen und Autoren können den Verkaufspreis selber festlegen
- Effizientes Marketing über viele Distributionskanäle
- Präsenz im Internet unter **http://www.diplom.de**
- Umfangreiches Angebot von mehreren tausend Arbeiten
- Großer Bekanntheitsgrad durch Fernsehen, Hörfunk und Printmedien

Setzen Sie sich mit uns in Verbindung:

Diplomarbeiten **Agentur**
Dipl. Kfm. Dipl. Hdl. Björn Bedey —
Dipl. Wi.-Ing. Martin Haschke ——
und Guido Meyer GbR ————

Hermannstal 119 k ————
22119 Hamburg ————

Fon: 040 / 655 99 20 ————
Fax: 040 / 655 99 222 ————

agentur@diplom.de ————
www.diplom.de ————